我想徜徉在邛海湖畔

我想奔跑在螺髻山顶

我想把最美丽的夜晚留给浪漫的月亮湾

我的西昌

水边的阿狄丽娜

激情火把
西昌狂欢

七彩烟花 点亮寂静夜空

熊熊火把 传递东方热情

月亮女儿 张扬时尚美丽

彝家舞蹈 呈现视觉盛宴

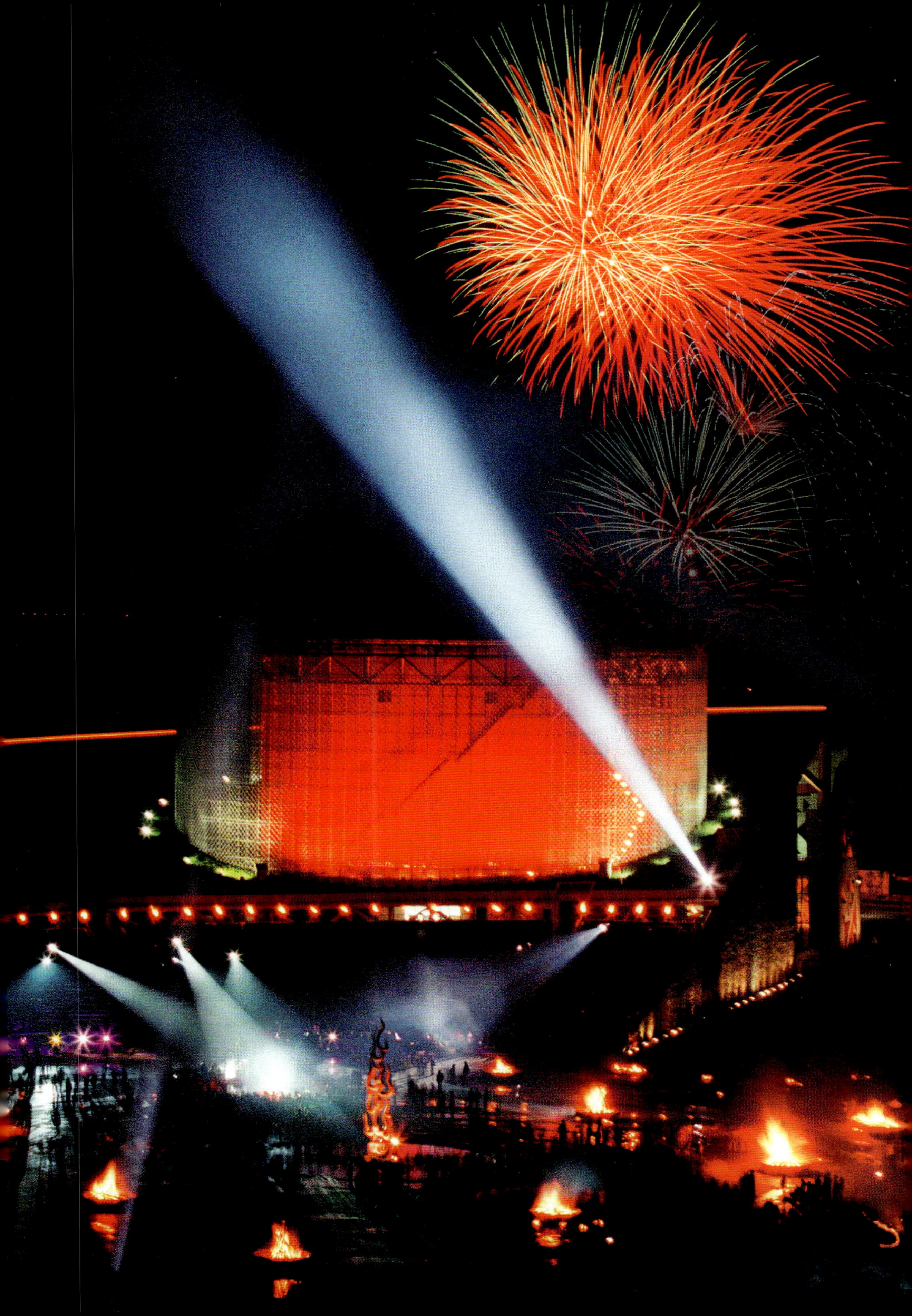

MO●K 行走中国

西昌 2009 XICHANG

编著：精品购物指南报社　**SPONSOR**: Life Style
出版：经济管理出版社　**PUBLISHED BY**: Economy & Management Publishing House
编委会：张书新　李文　**EDITORIAL STANDING COMMITTEE**: Zhang Shuxin, Li Wen,
王明亮　李振华　徐方　郭有祥　Wang Mingliang, Li Zhenhua, Xu Fang, Guo Youxiang,
管洁　乔福刚　谷玉恒　Guan Jie, Qiao Fugang, Gu Yuheng
主编：徐方　**EDITOR-IN-CHIEF**: Xu Fang

行走中国·西昌2009

顾问：邓显祥　**PLANNING & CREATIVE**: Deng Xianxiang
总策划：李俊　**CHIEF PLANNING & CREATIVE**: Li Jun
统筹：陈东　朱明　罗淙　**OVERALL PLAN**: Chen Dong, Zhu Ming, Luo Cong

营运总监：钟音　**MARKET & SALES DIRECTOR**: Zhong Yin
执行主编：殷维　**EDITORIAL DIRECTOR**: Yin Wei
编辑：李鹏飞　吴华　杨灵　杨萍　**EDITOR**: Li Pengfei, Wu Hua, Yang Ling, Yang Ping
助理编辑：阎鲁军　**ASSISTANT EDITOR**: Yan Lujun
首席摄影：胡昊　**CHIEF PHOTOGRAPHER**: Hu Hao
摄影：杨通富　钟玉成　黄伟寿　**PHOTOGRAPHER**: Yang Tongfu, Zhong Yucheng, Huang Weishou,
胡小平　涂德海　白新华　王昌平　安破　Hu Xiaoping, Tu Dehai, Bai Xinhua, Wang Changping, An Po
赖文江　李求学　李鹏飞　张美才　Lai Wenjiang, Li Qiuxue, Li Pengfei, Zhang Meicai
平面设计：Designeer工作室　**ART DESIGNER**: Designeer Studio
渠道经理：陈斯雪　**CHANNEL PEPERESENTATIVE**: Chen Sixue
发行统筹：房宪鹏　**CIRCULATION OVERALL PLAN**: Fang Xianpeng
发行协调：翟迪娜　刘宏　李月娥　张第　**CIRCULATION DIRECTOR**: Zhai Dina, Liu Hong, Li Yue'e, Zhang Di
监印：北京日邦印刷有限公司　**PRINGTING DIRECTOR**: Beijing Nippo Printing Co., Ltd.

独家网络支持：精品网　**NETWORK SUPPORT**: http://www.sg.com.cn

运营机构：
北京精品新锐广告有限公司

出版发行：
经济管理出版社
ECONOMY & MANAGEMENT PUBLISHING HOUSE

荣誉合作：
中共西昌市委
西昌市人民政府

鸣谢：
凉山州人民政府驻北京联络处
中共西昌市委宣传部
西昌市邛海泸山风景名胜区管理局
西昌市旅游局
西昌市文体局
西昌市农业局

编委会地址：北京市海淀区中关村大街
甲28号海淀文化艺术大厦B座7层

编辑热线：010-82623388-1268

购书热线：010-51915605
　　　　　010-82533659

印刷装订：北京日邦印刷有限公司

本书如有印刷、装订质量问题请与北京
经济管理出版社读者服务部联系调换

读者热线：010-68022974

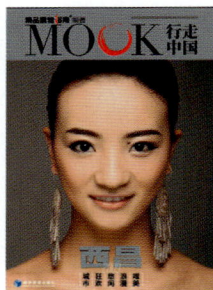

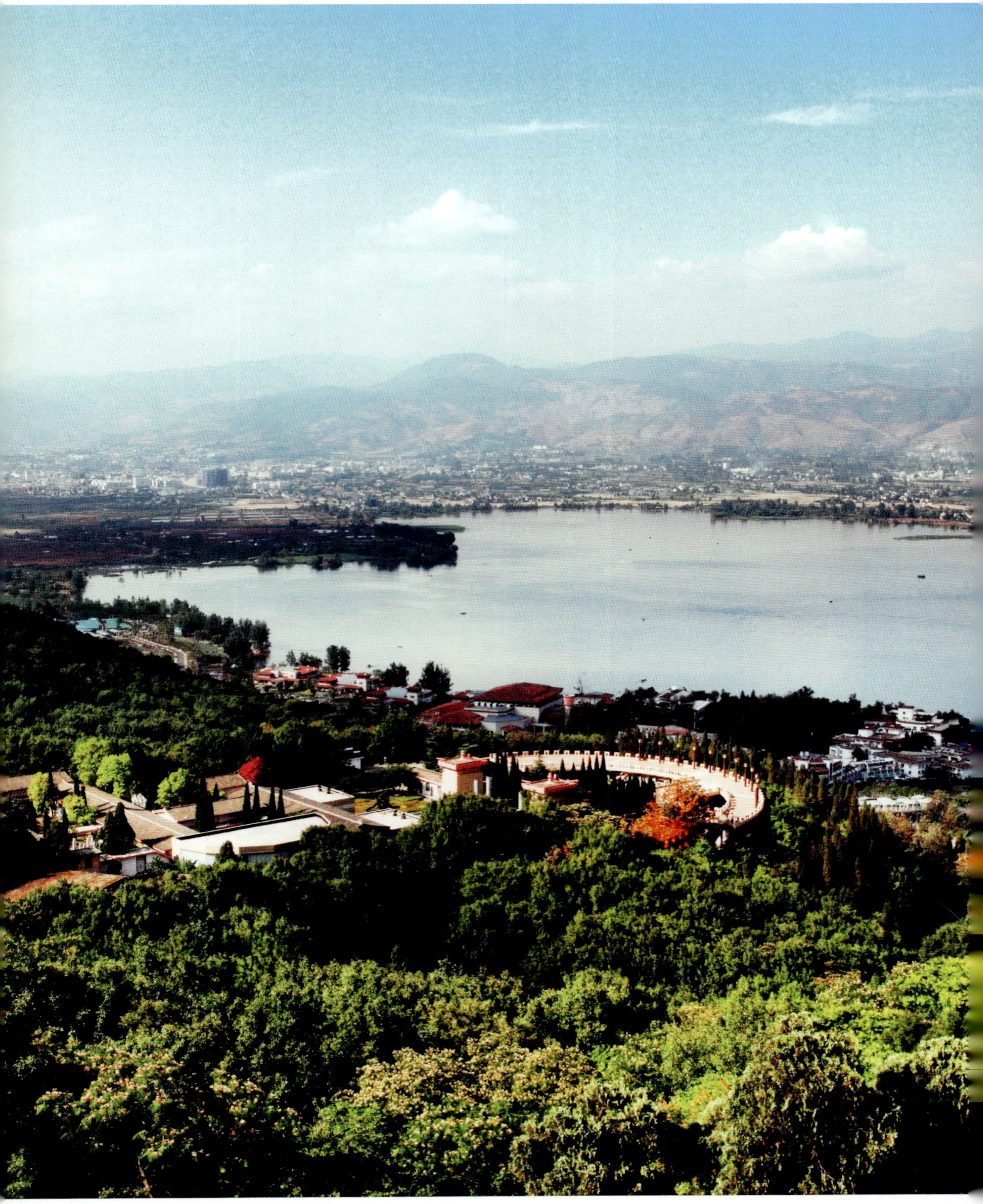

西昌的城市价值

城市总是激活社会进步的先锋——引领经济发展，引导科技创新，引动文化繁荣。而对于大多数的人来说，城市对自己最直接的影响是生活消费潮流的改变。

所以，城市总是牵引我们生活方式的坐标。当一个时代把每一个社会成员的幸福作为经济的、科技的、文化的最终目的，城市就成为了我们追逐人生价值的终极归宿。这个时候，那些具有鲜明个性的城市也就成为了旅行者们追逐的目的地。

西昌作为城市的历史和中国改革开放刚好同步，其得天独厚的旅游资源和特殊的地缘环境使这个城市很快成为了旅行者的热地。"中国旅游最令人向往的地方"、"中国最值得去的十座小城市"、"中国最美的十大古城"、"四川省十大宜居城市"、"四川省十大最具活力县市"……西昌正逐渐成为中国西部竞先发展的标志城市。

西昌有理由领受这些旅行者们所给予的荣誉——这个山水城交融的城市本身就是一幅东方日内瓦湖的油画；这个川滇文化集合地的城市本身就是人文风情画中最亮丽的咏叹。

站在潮流先锋的不一定都是大城市，但一定是一座有个性的城市。这种个性往往会被人们追逐，或者预示某一个潮流的方向，比如引领着世界电影潮流的法国小镇戛纳。

西昌以山水城相依相融的绝佳人居环境表明：一座好的城市应该是一座离自然最近的城市；一座能够在人们心中驻足的城市应该是一座具有亲和力的城市；一座让人不忍离开的城市应该是和时代零距离的城市。

到西昌，坐拥山水，享受生活！

西昌市人民政府市长　李俊

CONTENTS 目录

唯美西昌　狂欢盛宴

浪漫田园　悠闲生活

敬告：向本书投稿的个别图、文作者姓名或地址不详，请作者见刊后与我们联系，以便寄奉稿酬。——编著者

01

唯美西昌

走在西昌的邛海边，总会让人有一种感觉：仿佛来到了法国南部小城阿尔，阳光明媚的早上，大片的麦田在微风里摇曳，向日葵迎着太阳频频向路人点头，缓缓的时光从平静的湖面上掠过，可爱的农舍被大团的花朵掩映着，让人不舍离开；那些在田里劳作的人们，在艳阳下绽放着美丽的笑容……

恍惚之间，你会以为自己走进了梵高的画作里，所有油画一样浓墨重彩的颜色，在眼前蔓延开来，眩目得让人迷醉。

而事实上，整个西昌呈现给我们的感觉，的确是唯美的。

她是一座如此感性、浪漫、闲适而舒缓的城市，她秀美的容颜配上温婉质朴的性格，落落大方地站在古老的安宁河畔，静静地，等待着有人走近她，然后，无法自拔地爱上她。

是的，她的魅力，足以让人情不自禁。

也许并没有多少人知道，中国最值得去的十座小城之一，西昌的名字赫然在目。美丽浪漫的邛海，雪景震撼人心的螺髻山，端庄稳重的泸山，激情四溢的温泉瀑布……这些都统统撇开不说，单就一个"闲适"，西昌就可以傲然地走在所有城市的最前列。

这绝不是单纯的风景问题，而是一种气质，一种深入骨髓的浪漫特质，在这样的气质烘托下，西昌这座具有无限情怀的城市，正慢慢地，散发出属于她自己的独特味道。

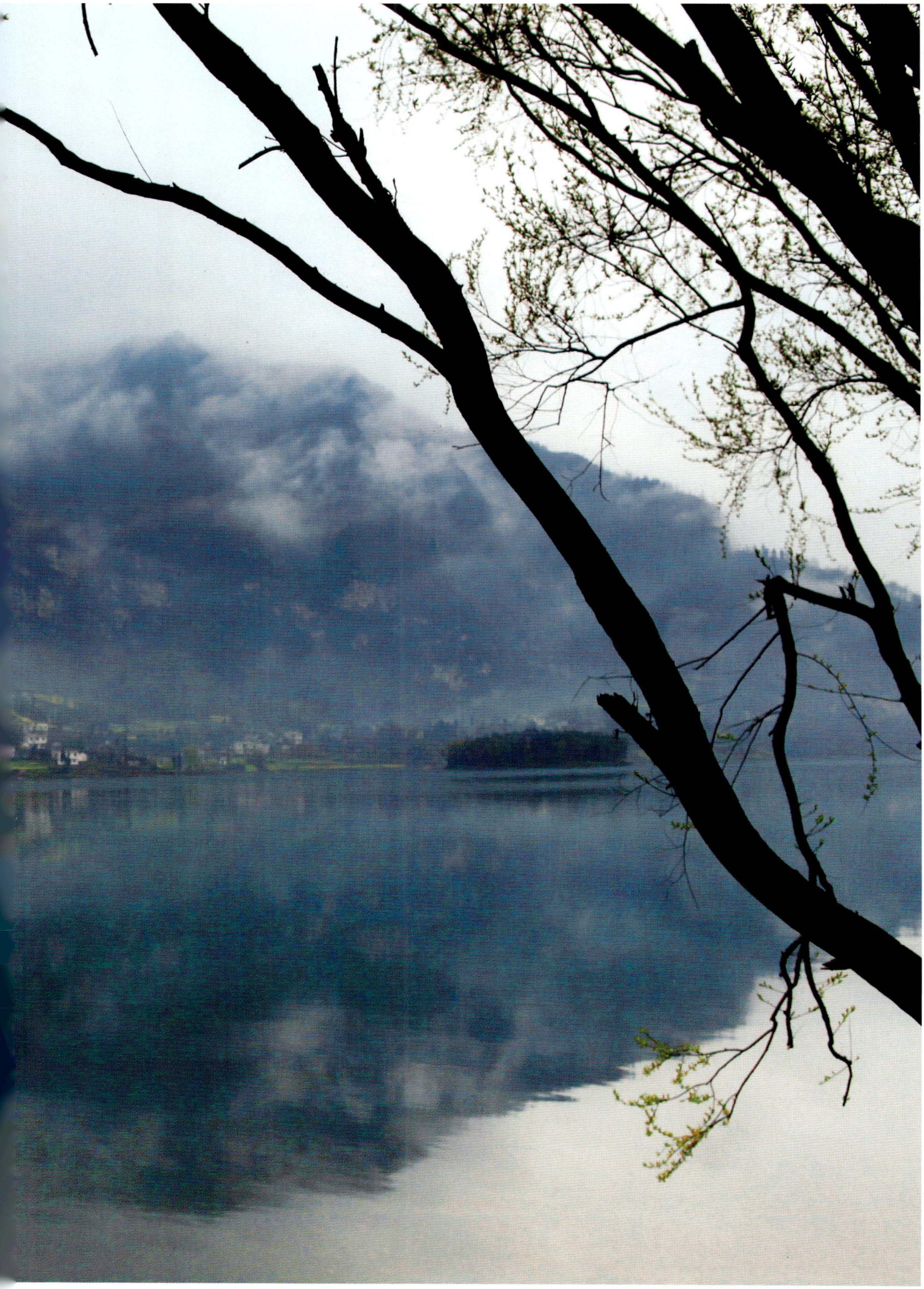

这里是西昌

四川省

至成都

至峨眉山

至稻城

海螺沟冰川森林公园

冶勒省级自然保护区

大风顶国家级自然保护区

至昭觉

安宁湖　灵山寺

越西

恰郎多吉雪山

冕宁　喜德温泉

落水湖　马湖

寸冬海子

西昌卫星发射中心

喜德

美姑

木里大寺

竹核温泉

雷波

泸沽湖国家重点风景名胜区

礼州古镇

西昌市

木里

螺髻山仙人洞

昭觉

泸沽湖

黄联土林

布拖

金阳

盐源

邛海—螺髻山国家重点风景名胜区

公母山

德昌

安宁河漂流

普格温泉

群英沟

普格

丽江市

攀枝花市

龙肘山省级风景名胜区

巧家

云南省

会理

会东

云南省

皎平渡

老君滩

至昆明

14

西昌是中国最值得去的十座小城市之一、2007年度四川省十大宜居城市、2008年"中国旅游最令人向往的地方"、2009年"中国最美的十大古城"之一。

地理位置：位于川西高原（海拔1500~2500米）的安宁河平原（四川第二大平原）腹地，东经101°46′~102°25′、北纬27°32′~28°10′。

面积：西昌南北最长约20公里，东西最宽约43公里，幅员面积2651平方公里。总人口65万人。

民族：西昌是一个少数民族聚居的城市，有汉、彝、回、藏等28个民族，以汉族人口居多，少数民族占总人口的18.77%。

语言：西昌话属于四川方言的一种，但是非常地道的西昌话又和四川方言有很大的区别，不过一般游客到了西昌，用普通话和当地人交流都没有障碍，即便是方言，也可以听懂80%。

气候：西昌属于热带高原季风气候区，素有"小春城"之称，蕴藏着丰富的气候资源，具有冬暖夏凉、四季如春，雨量充沛、降雨集中，日照充足、光热资源丰富等特点。白天太阳辐射强，昼夜温差大。

特色美食：到了西昌不可不品尝具有民族风味和本地特色的风味菜，乳猪砣砣肉、酸菜土豆鸡、荞麦饼、彝家辣子鸡；建昌板鸭、醉虾、城门洞牛肉粉、李肥肠、清真园牛肚粉、西昌卷粉……都是具有西昌特色的风味菜。

特产：彝族漆器、彝族银饰、彝族服饰、凉山系列山珍、松茸、虫草、圆根酸菜、盐源苹果干、建昌板鸭、卫星基地火箭模型在西昌各超市有售。

城市荣誉：西昌有四张名片、六大殊荣，分别是太阳城、月亮城、航天城和小春城。西昌是中国最值得去的十座小城市之一、中国优秀旅游城市、2007年度四川省十大宜居城市、四川省第一家环境保护模范城市、四川省森林城市。2008年末，西昌被评为"中国旅游最令人向往的地方"；2009年，西昌和平遥古城、丽江古城等成为了"中国最美的十大古城"之一。

每一个破晓晨曦中醒来，感知川西高原的奇幻美景

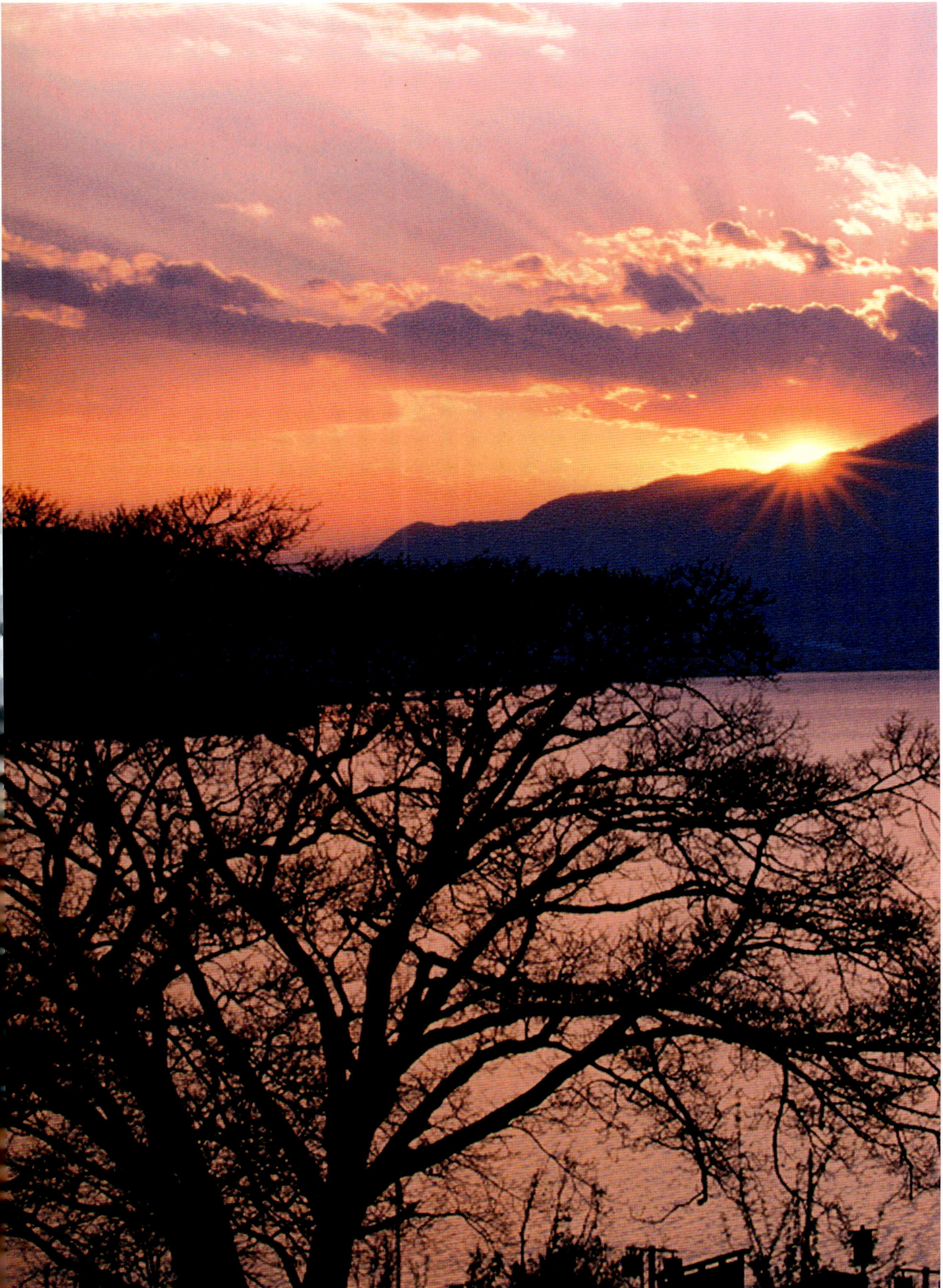

西昌

1979~2009

旅游大事记

1979 国务院批准划设西昌市。

1980 泸山公园建设竣工，于春节期间开始接待游客。

1985 凉山彝族奴隶社会博物馆于泸山建成开馆。

1994 "'94中国凉山彝族国际火把节"在西昌隆重举行。来自17个国家和港、澳、台地区及各省市自治区、新华社、中央电视台等单位来宾参加盛会。四川省电视台通过卫星电视向38个国家和地区转播。参加火把节的游客达37万人次，创历届火把节之最。

2006 月亮湾景点建设工程竣工。

2006 中国西昌首届"月亮女儿"选拔赛举办。

2006 西昌市获中国优秀旅游城市。

2006 西昌市邛海—泸山景区以高分通过国家级景区验收，成为凉山州第一批国家AAAA级风景区。

2007 樟木箐乡举办首届樱桃节；川兴镇举办首届蜜桃采摘节。

2007 西乡乡举办首届葡萄采摘活动。

2007 西昌市举行彝族年团拜会暨首届风情美食节开幕式。

2007 凉山州首届环邛海自行车越野赛在西昌落幕。

2007 中国凉山彝族服饰展演在火把广场举行。

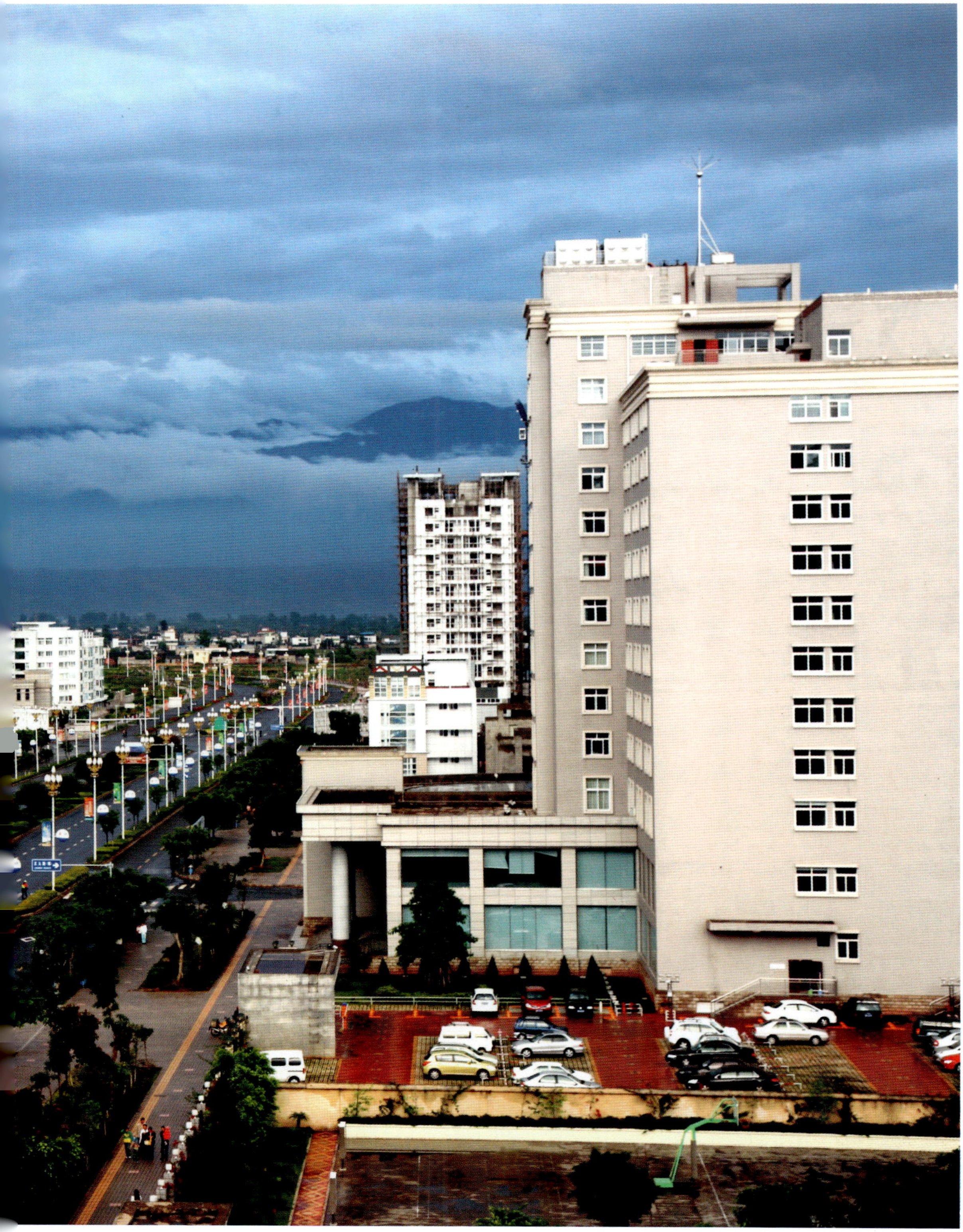

[XICHANG ATTITUDE]

西昌态度

每座城市的人都有属于自己的生活方式，我们称之为生活态度。这种态度，随着时间的堆积而成为一种标志，清晰而富有感染力。在外人看来，这就是这座城市的魅力所在，而对于当地人而言，只不过是把日子，过成了自己想要的样子。

阳光

很多事情就是这样不公平，西昌，这个距离成都仅仅五百多公里的城市，每年的日照时间几乎在三百天左右。这里的阳光夏天不毒冬天不矫情，清爽通透，落落大方，即使最热的时候，走在太阳下，也会有凉风习习。就像美国人走在夏威夷的海滩上一样，西昌人走在自己的邛海边，同样骄傲至极。阳光下他们显出健康的肤色，脸上带着自豪的表情，洋溢着无法言语的自信和美丽。这是一种气质，而这种气质，是上天的恩赐，于情于理都是一种莫大的幸福，很值得引以为傲。

01
SUNSHINE

02
PLUM BLOSSOM

三角梅 | 喜欢花的人多少都具有浪漫主义情结。在西昌的街头巷尾、居民楼的窗台上、院墙上，经常可以看到一簇簇玫瑰红的花，花朵很小，密密地簇在一起，阳光下如火如荼地开着。

这种植物叫三角梅，15℃以上的温度就可以开花，喜欢充足的阳光，耐贫瘠、耐碱、耐干旱、耐修剪，随便折下一枝插进土里，就可以成活。三角梅的性格，和西昌人很契合，它们简单、鲜艳、热烈奔放，只要有阳光就努力地探出墙外，恣意地生长。

当地人家几乎都喜爱种这种花，随处可见，整个城市都被三角梅渲染得浪漫至极。

夜生活 | 夜晚时光在西昌人一天的生活中占有举足轻重的地位，他们每天的HAPPY HOUR往往热闹异常。

比如吃烧烤喝啤酒，在西昌就是一个全民娱乐项目，如果把它作为关键词，那么这个词在西昌人嘴里出现的频率绝对可以排在第一位。它一般从晚上9点左右开始，一直可以持续到凌晨两三点。一张桌子，几把椅子，炉子上滋滋作响的串串，一箱子啤酒，西昌人就可以把每个晚上都过得酣畅淋漓。

事实上，烧烤的食物本身并不重要，重要的是，人们需要这样一种随意的形式将这美好的一天无限延伸。曾经碰到二十几位医学院的校友在邛海边上的烧烤摊子上办同学会，三张长条桌拼起的酒席，人们拿着啤酒瓶子互相碰杯、拥抱，大声地说话，大声地笑着。大概再也找不到第二个城市可以像西昌一样，把烧烤这种市井的形式，演绎得如此生动而富有艺术。

03
NIGHT LIFE

无论自然天成的美景，还是夜色魅惑下的伊人，都竞相在这里呈现

西昌气质，在这样的风景里展现得淋漓尽致

04
AESTHETICISM

邛海

Aestheticism完全可以担当邛海的代名词，在西昌人，以及所有感受过邛海的人们心中，这个词，早已经名正言顺地与邛海划了等号，并且根深蒂固地在脑海中留下了挥之不去的情结——完美主义。

是的，这个31平方公里的湖泊，是四川省第二大淡水湖，山光云影，一碧千顷。邛海对于西昌人来说，其意义已经远远超出了一个风景区的概念，它不仅一年四季为这里的人们提供鱼虾蟹等美食，还为大家提供了消遣的好去处，更重要的是，她将人们带进了一个完美的境界，融入了西昌人的现实生活。

月亮湾的晚霞，邛海宾馆的欧式风情，小渔村的美食，包括散落在邛海周边的无数美好时光，这一切，构成了一幅无比唯美的画卷。她让我们不得不相信，原来真的有完美存在。

情趣小吃

如果把美食按性格划分，那么小吃绝对可以算是富有情趣的一类。它们属于饭后谈资，属于消遣，属于心不在焉，也属于玩味的小情调。

在西昌，你可以尽情体会到这种情趣所在。卷粉、油茶、米线、凉粉、锅盔、红油串串、凉面、洋芋片……这些小吃散落在巷子里，声势浩大地向你招手，很有点应接不暇的感觉。而事实上，如此富有浪漫气质的城市里，也确实需要这样一种小情调作为调节，才会显得情趣盎然。打扮入时的漂亮男女，端坐在小吃店的木条椅上，悠然自得地嚼着小吃，未尝不是一种风情。

05
SPICY SNACK

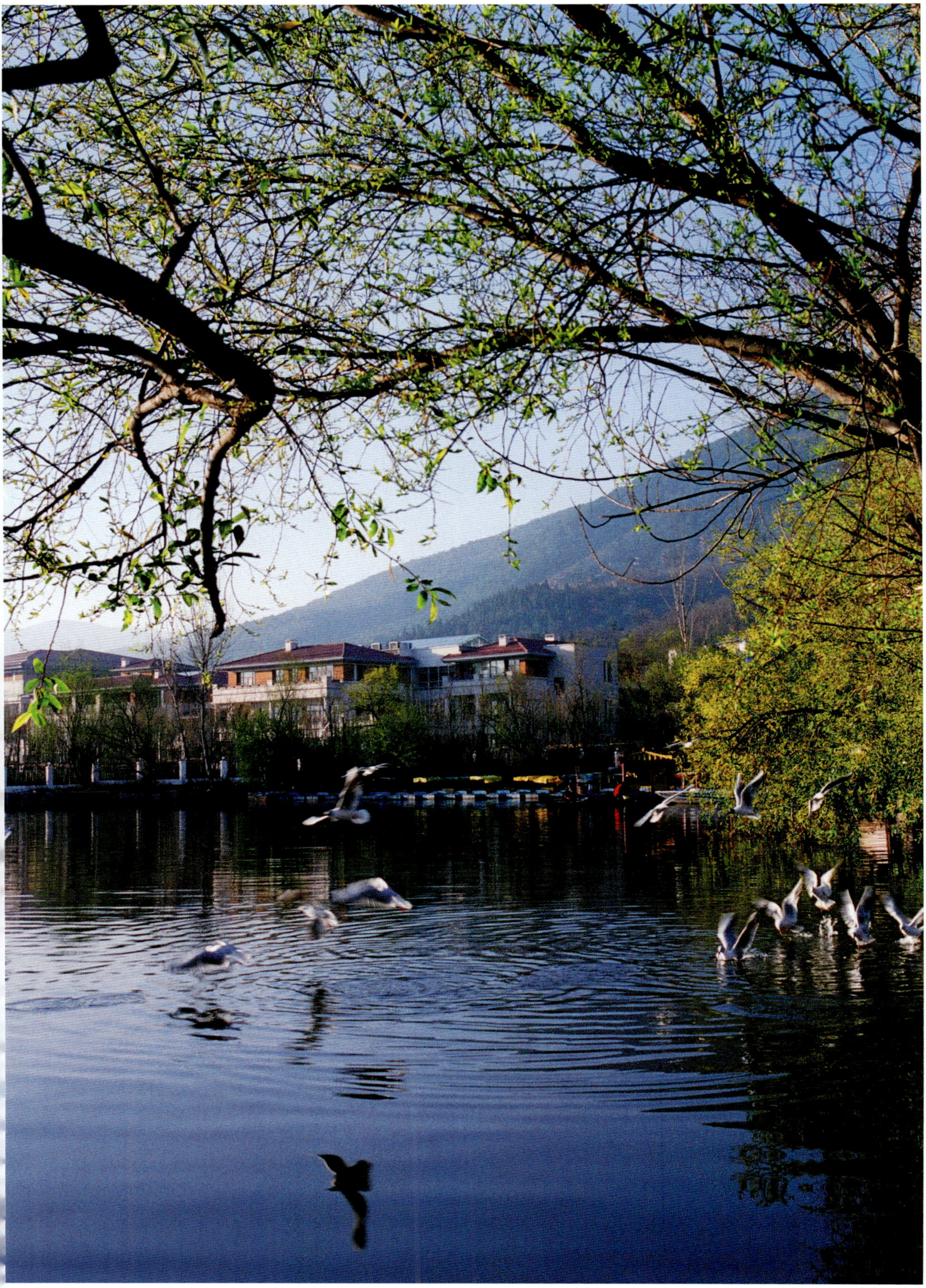

温泉境界

在西昌，泡温泉早已不再停留于普通的范畴，在幸运地拥有了喜德、普格、大漕河等几个纯天然温泉之后，西昌人对于温泉的享受概念便升华到了一种境界。

比如在喜德找到纯天然还没有开发过的小温泉眼，因为当地是彝族聚居区，男女不能同浴，因此经常可以体会到男人泡完了站在上面观看，女人再下去泡的有趣场面。再比如大漕河温泉瀑布，在溶洞里泡温泉，坐在高高的山石上任凭飞流直下的瀑布温泉冲刷着自己的身体，这样的享受，恐怕也只有在西昌才可以碰到了吧。于是西昌人说了，泡，不是享受，泡出乐趣和花样，那才是享受。

06
NATURAL HOTSPRING

07

AEROBIC SPORT

有氧运动

西昌人有一句很经典的运动口号："这么好的风景和空气，谁还去健身房啊！"环邛海徒步，骑自行车，玩帆板，划龙舟，还有爬山，这样好的天然优势，不利用简直是暴殄天物。大部分的西昌人都喜欢户外有氧运动，螺髻山太高，灵山有点远，泸山刚刚好，坐车只要十几分钟，爬到山顶还可以俯瞰邛海美丽的风景，真正的得天独厚。走在邛海边上，经常可以看到装备专业的自行车手飞速掠过，或是年轻的男孩女孩骑着自行车你追我赶；湖面上是帆板点点，懂得享受的人才是会生活的人，懂得运动的人也才是真正热爱生活的人，这一点，西昌人体会得最为深刻。

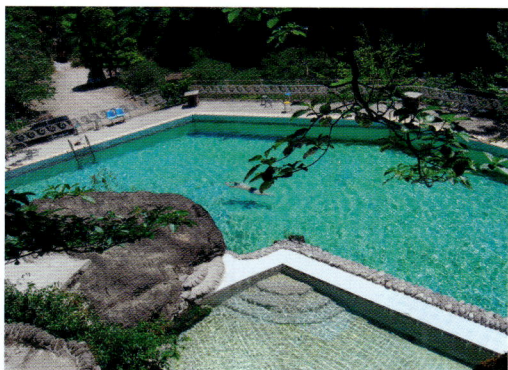

08
CARNIVAL

火把狂欢

火把节对于西昌人来说，是一个盛大的节日。整整一年的情绪，都好像是单为了这一天积攒着的，直等到农历六月二十四那一天，轰然爆发。西昌人平日里的悠闲懒散，在火把节期间全部被火种点燃，人们疯狂唱歌、疯狂跳舞，大口吃肉大碗喝酒，拿出十足的精神投入到这场狂欢当中去。届时，整个城市都将被火光照亮，大街小巷涌动着如水的人潮，认识的不认识的人们拉起手围着篝火尽情欢跳。

没有参加过火把节，就不能说了解彝族，也就不能说了解西昌，更不可能真正地体会到隐藏在这个城市表象之下的双重性格。临邛海而居，却如此崇尚火，西昌人玩火玩成了一种文化，不能不说是一种境界。

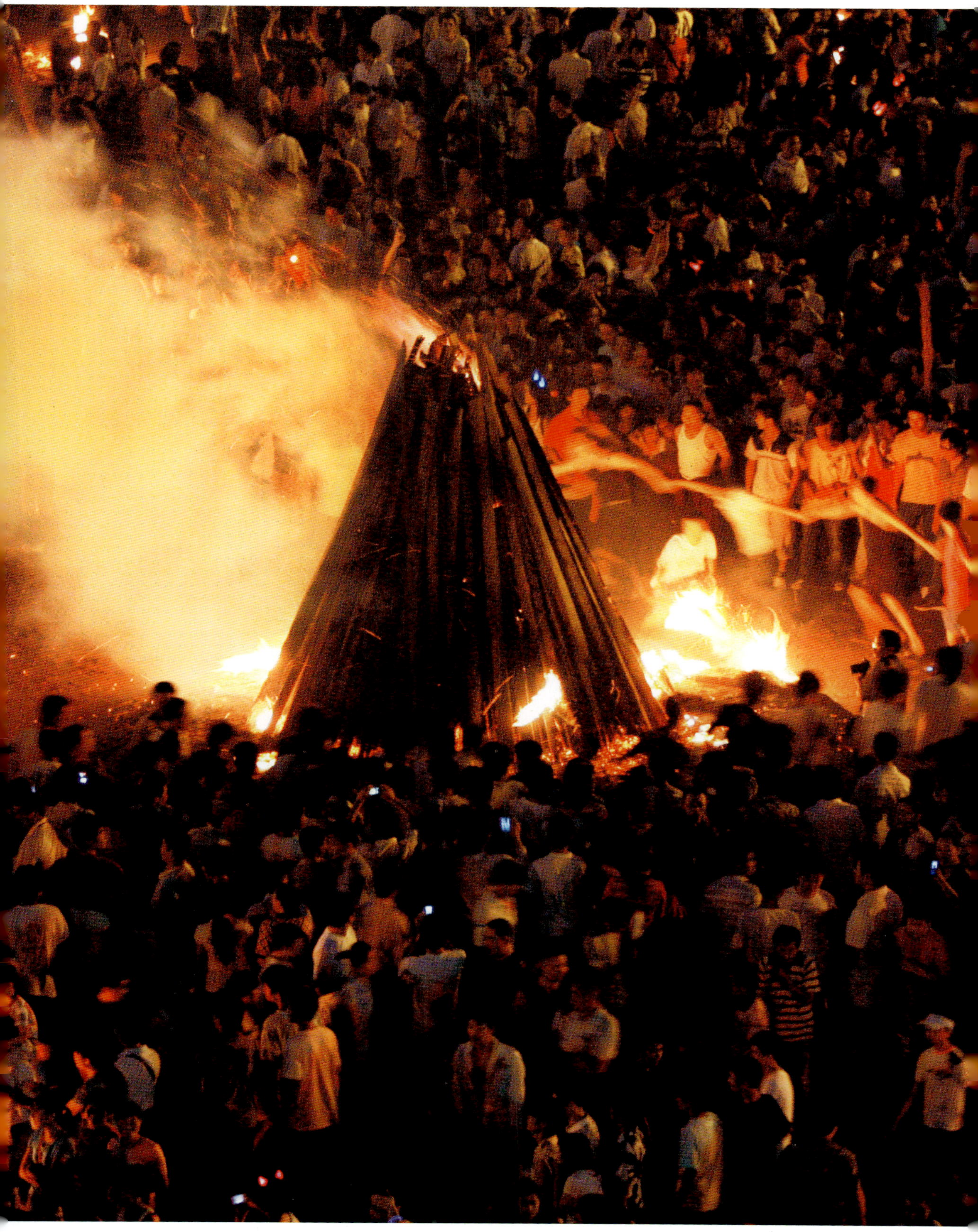

慢生活哲学

西昌人的生活节奏是相对缓慢的，时间在这里好像放缓了脚步，他们走路慢，吃饭慢，说话慢……走在西昌的街头，你绝对看不见匆匆赶路的人，所有人都在悠闲地走着，时间也就配合着慢了下来。到了晚上，即使过了十点钟，也要照例去吃一顿宵夜，慢慢地喝瓶啤酒，吃点儿烫饭，然后才心满意足地回家。24个小时，在西昌人的生活里，无形中被延伸成了30个小时，甚至更长。

这时，你才会明白，西昌人不仅幸福，而且是聪明的，他们认为什么时候该认真，什么时候可以放松一点，即使在外人看来完全颠倒了概念，那又如何呢，他们只是把生活过成了自己想要的样子。

09
SLOW
PHILOSOPHY

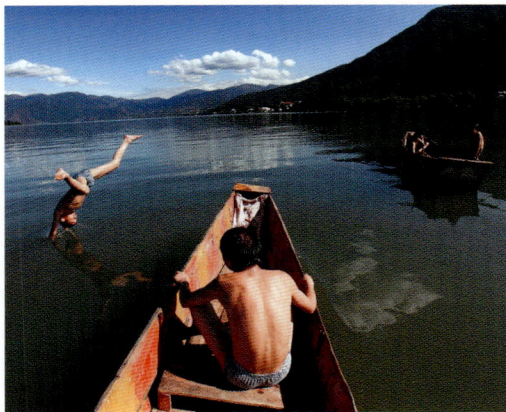

TA说西昌

"邛海是比地中海更美的珍珠湖,它碧水秀色,草茂鱼丰,珍珠硕大,美不胜收,其气候与恬静远胜地中海,真是东方之珠啊!"

——15世纪意大利著名旅行家马可·波罗

"邛海是深山环绕中的天真处女,它和西湖一样柔媚,唯西子浓妆,邛池淡抹,各有千秋,而邛池尤以恬静胜。"

——教授朱契

"老夫今夜宿泸山,惊破天门夜未关,谁把太空敲粉碎,满天星斗落人间。"

——明代著名诗人杨慎火把节夜宿泸山,在看到泸山的美景与火把节的盛况后,吟出的名句

"天空临皓月,海上最分明。境过银河界,人来水廓城。龙宫悬宝镜,蜃高接蓬瀛。"

——清代文人杨学述在《月夜泛舟节海》中这样赞美邛海

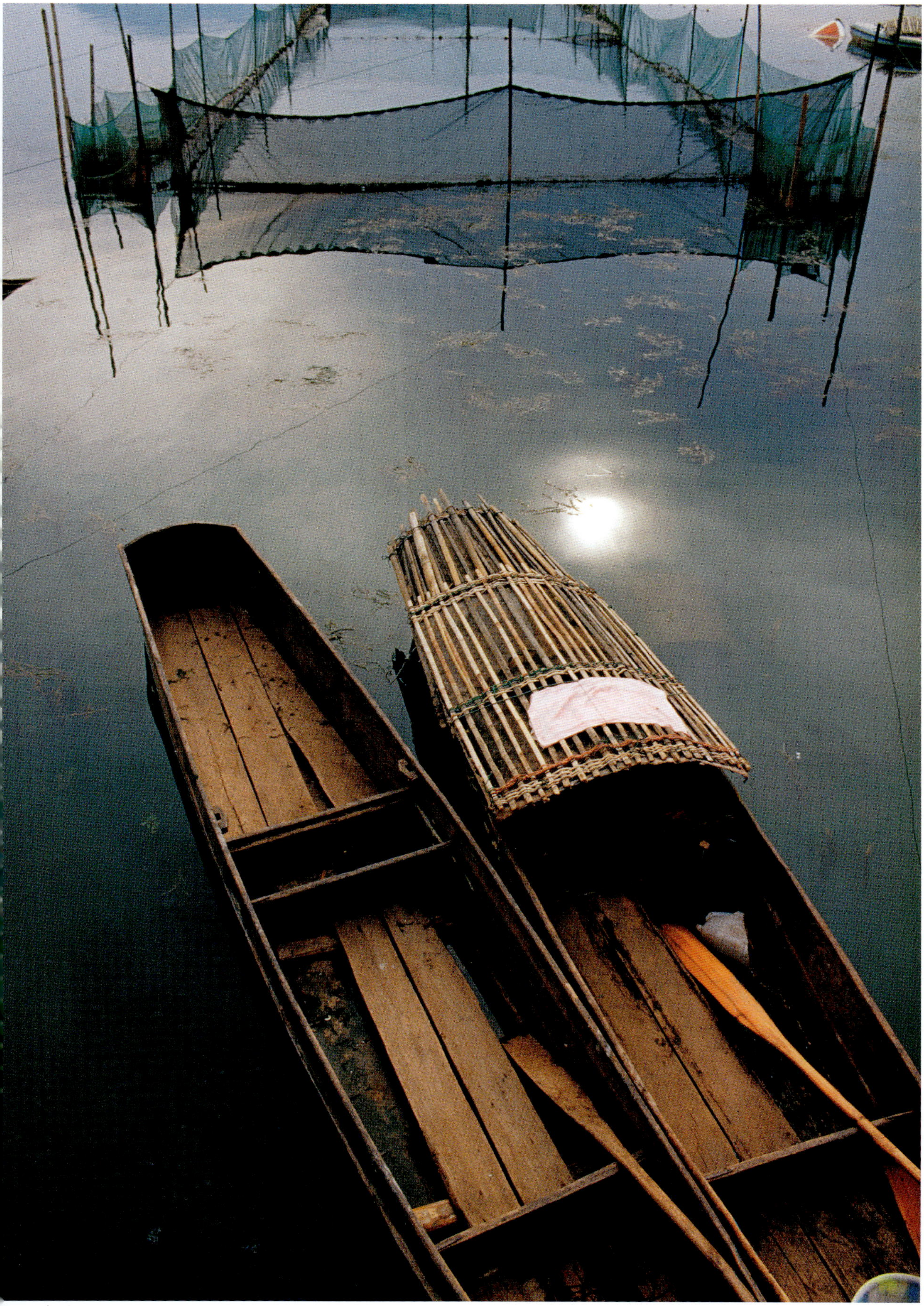

2009

地点 \ 月份	2月	3月	4月	5月	6月
樟木箐乡	16~28日，樱桃花节		3日~月底，樱桃节		
高枧乡					6日，"荷色生香"高枧荷花节
西昌市内					
川兴镇		上旬~月底，桃花节			
安哈镇		月初~20日，梨花节	1~29日，农家乐旅游文化节		
火把广场					
月城广场				1~3日，彝族达体舞大赛	
邛海边				15日~30日，端午节（龙舟文化节）	
凉山文化艺术中心					
月华乡			30日，油桃节		
西乡乡					
礼州镇					
黄联关镇					
兴胜乡					

西昌节庆年历
FESTIVAL LIST IN XICHANG

7月	8月	9月	11月	12月
18日，月亮女儿选拔赛 23~29日，四川省青少年篮球锦标赛 25日，"桃源农庄"川兴蜜桃节	13日，月亮女儿选拔总决赛 15日下午，彝族传统选美决赛 14日~20日，"螺岭彝风"安哈民俗文化旅游节 14日~20日，民族风情园及火把广场举行篝火晚会、围跳达体舞 晚上，中央电视台"欢乐中国行"-魅力西昌 火把节开幕式暨西昌建市30周年大型文艺晚会 15日上午，环邛海自行车大赛； 15日晚上，《火·图腾》、狂欢夜、焰火晚会 16日下午，《火·图腾》 晚上，全国少数民族大联欢晚会	10日，古镇文化节 10日，石榴节	16日，风情美食节（彝族年）	28日，草莓节
22日，葡萄节				

02

浪漫田园

西昌位于川西高原的安宁河平原腹地，纬度较低，海拔较高，加以北部群山阻隔，既有干雨季分明的季风高原型特征，又有冬暖夏凉、四季不鲜明的低纬度亚热带型特征，因此气候得天独厚，是一座四季如春的城市。无论珍稀绿植还是普通花草都喜欢在这片土地蓬勃生长、繁衍栖息！

谁也说不清这座城市在何时就摆脱了夏的炽热与冬的冷酷，将自己浸没于春的明媚与柔软之中，以至西昌人已经将这奢华泛滥的春色和天然绿色的氧吧作为一种习惯性的享受。所以，无论是放一把躺椅，感受田园上吹拂的季风；还是摇一叶扁舟，在安宁河上静静地沐浴阳光，我都愿赴这一场浪漫之约。

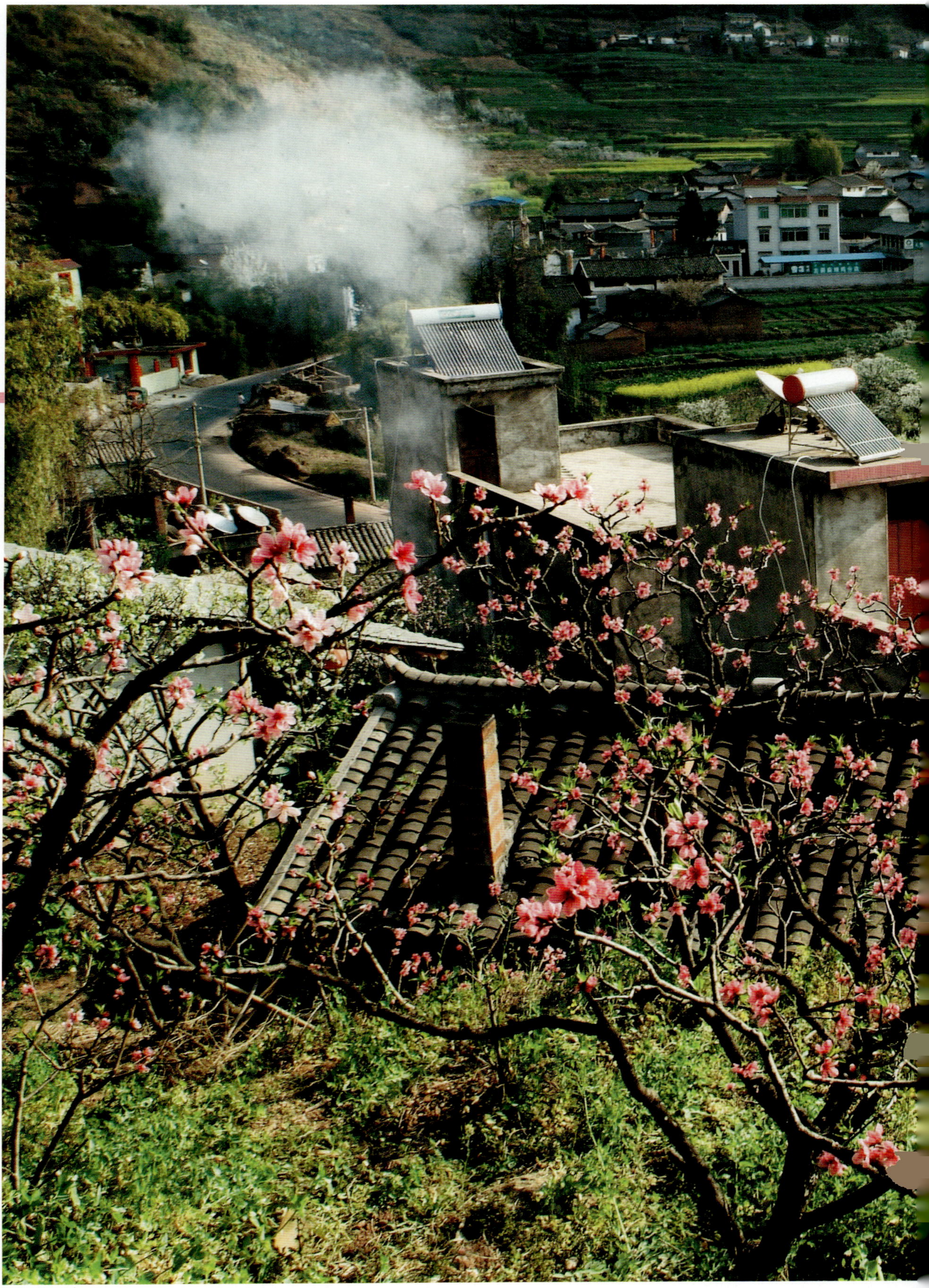

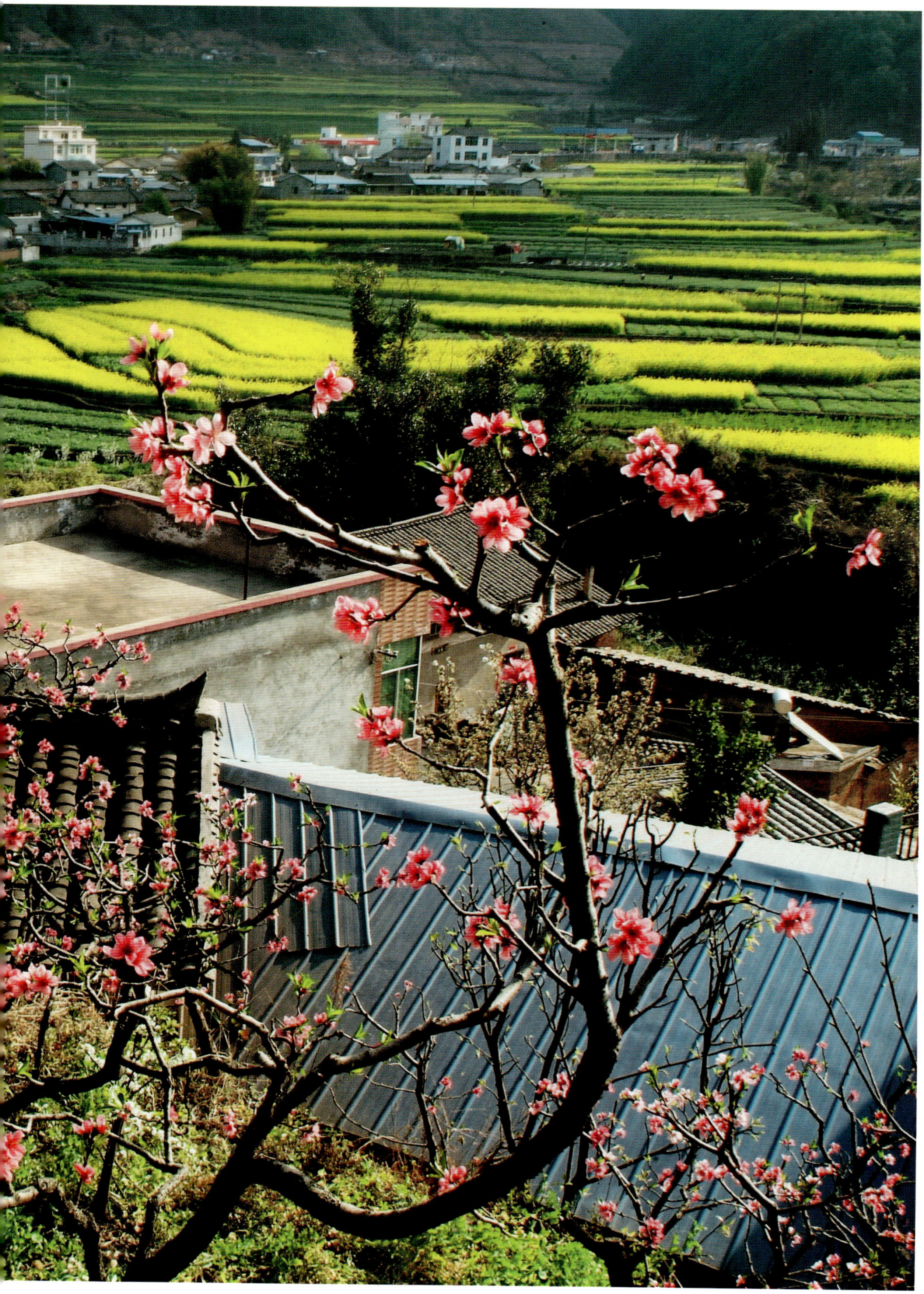

在一夜春风中盛开的梨花，弥漫了山谷中的每一处角落，就连空气中仿佛也散发出纯洁的味道。信步梨花丛中，任花瓣飘落，任时空交错，任记忆迷失，让思想在春意中自由徜徉，感受梨花带来的愉悦与回忆！

赏花攻略

时间：梨花开在每年的3月初到3月20日左右

地点：安哈镇

出行路线：

自驾游：在西昌东南方向循着邛海边走原108国道，过洛古坡乡、西溪乡，约40分钟路程。

公交车：在大成车站乘直达安哈镇的班车，票价8元。

贴心提示：梨花节开幕式中可观赏到彝族歌舞，赏花之后还可继续探寻螺髻山亿年溶洞，逛原生态彝家院落，品尝彝家美味，体验彝家风俗。

TIPS

赏花之时莫忘护肤

赏花本是一件放松心情，舒缓心态的事，但如果你知道自己是敏感性皮肤或是过敏性皮肤就要提前做好防范准备。

给皮肤补水

由于花粉过敏后皮肤会出现一些炎症，还会脱皮、发痒，因此，在赏花之前应该选择一些保湿和补水的护肤产品。另外，还可以摄入一些维生素A和维生素E。

避免刺激性食物

因为辛辣的食物会使血管扩张、皮肤发红，应避免吃辛辣的食物。此外，要慎食野菜，因为吃野菜会引起对紫外线的敏感，使皮肤红肿，加重过敏的症状。

切勿用香皂洗脸

外出回来洗脸时不要用碱性的洗脸产品（如香皂）洗脸，因为皮肤表层有一层脂膜，如果用碱性的洗脸产品洗脸，会破坏这层脂膜，这样脸部就失去了保护，使皮肤受到刺激，会加重病情。

Ziqing Drunk
一轮荷塘明月

梨花花语: 高尚而谦虚

搭配功课:《荷塘月色》

朱自清先生的《荷塘月色》几乎无人不知,但在西昌荷塘赏月之前还要细细品读一次,因为西昌的月亮在古时就"有讲",在南方古丝绸之路中素有"清风,雅雨,建昌月"之说,这里的"建昌"即是今日西昌。这里的月亮大如盘,亮如瓷,能在荷塘之中赏到这样的月色想必也是很多人的期望。相信这时的你更多的是沉醉而没有朱自清先生那样淡淡的忧伤吧。

赏花攻略

时间:荷花的探访期最长,从6月到9月有3个月的花期。

地点:高枧乡

出行路线:

自驾车:三岔口东路出城,途经高枧乡乡政府,10分钟车程即可到,若遇车多,停车可能拥挤,因此建议坐公交车。

公交车:可乘8路公交,在高枧乡政府下车步行10分钟即到,也可乘开往川兴镇的107路、环湖公交106路公交车。

贴心提示:赏花免费。荷塘边筑有木栅长廊,游玩之后,可点上一杯清茶或者冷饮休憩。由于荷花花期长,如有闲暇,可避免于周末前往,既可避开人流高峰,又可在赏花之余,慢慢品味荷塘鱼、鲜藕等特色餐品。

每 逢夏日,在邛海边都会看到荷塘沿湖成片,一朵朵荷花或是淡粉、或是纯白,亭亭玉立在碧绿荷塘之上。如若选一个晴好的夜晚约上三五个友人,在荷塘边小憩,看月光如水散落在荷塘,想必那时的你定会沉醉其中。

Grape Is Purple Fantasy
葡萄 紫色庄园的狂想

西昌天然的气候环境造就了独特的葡萄生长氛围：日照充足，四季分明，干燥、温暖，让这里的的葡萄不仅长势喜人，而且色泽和口感都卓尔不凡，令人回味无穷。

紫色是由红色和蓝色调和而成的，虽不如红色来得那么直接和火热，但它那深邃的色彩也足以让内心萌动的情感得以爆发，如同享受一场丰收的喜悦，收藏一个庄园的梦想！

品享攻略

葡萄+葡萄鸡

原生态的葡萄鸡是这里的特色佳肴，是将草鸡在葡萄园里放养，它们的食物是葡萄落果和园内的杂草野菜。鸡肉鲜美，炖出来的汤汁浓艳，口味和营养都不错。

时间：探访时间从每年7月初到9月底

地点：西乡乡

出行路线：

自驾车：出西昌城往北，走机场路经小庙乡，16公里路程，20分钟即到。

公交车：在大成车站早上7点到下午5点半有班车发送，票价2元，上午每45分钟一班，下午每小时一班。节约出游时间，自驾甚好。

贴心提示：可深入园中自行采摘，购买葡萄每斤价格一般在3~5元。

千亩葡萄园在8公里的乡间路上延展开来，像一个奢华的紫色庄园呈现在眼前，又似一片泛滥的紫色海洋迎面扑来将我淹没，这样的成熟不仅让人眷恋，更加震人心魄。每个人都感觉自己就是那雍容高贵的紫色庄园的主人，这就是带给我们一场关于紫色的狂想的葡萄园。

有人说："生活就像一颗多汁的石榴，只能一粒一
粒剥下来放在唇间体会，闻不到芬芳，却会留下一
手艳丽的色彩。"就好像我们生活中的酸甜，别人
无法替代，只有用一颗透明清澈的心来解读生活，
解脱自己。

Pomegranate Has Crystal Heart Inside

石榴 透明的水晶之心

品享攻略

石榴+客家文化

黄联关镇大德村居住着几百年前迁徙而来的客家人，至今保留一些客家风俗和文化。在品石榴和游玩之余可领略客家文化，如果时间充裕还可就近看看仙人洞、黄联土林这些巧夺天工的自然景观。

时间：8月初到10月初

地点：黄联关镇

出行路线：

自驾车：A. 上高速路往南，从黄水出高速，向北5分钟；B. 循邛海上108国道，过马道镇、洛古坡乡、西溪乡，一边沐浴春风，一边欣赏田园美色，车程40分钟左右。

公交车：在大成车站乘坐开往黄水及德昌的班车，大德村下，便可直接走进石榴林中，班车每15分钟一班，票价6元，车程1个小时。

贴心提示：可自行采摘，价格随时节和产品品质而动，与市价差别不大，一般在1~3元/斤。

每逢夏日在繁花垂首时，就会有石榴花开。石榴是花果并丽，火红可爱，甘甜可口，被人们喻为和睦、团圆的吉祥之果。人们常用"连着枝叶、切开一角、露出累累果实的石榴"的图案，象征多子多孙，谓之"榴开百子"。每到石榴成熟季节，摘下一颗，剥开一半果皮，石榴就会忍俊不禁地与你微笑，露出一颗颗红润丰莹的果粒，让你欲罢不能。

Strawberry Is Sweet Warmth In Winter

草莓 冬日的甜蜜温情

品享攻略

时间：从年底12月到第二年的4月

地点：兴胜乡

出行路线：

自驾车：A. 出城往北，走机场路107省道，过小庙乡、西乡乡、樟木菁乡，车程23公里；B. 走高速路，在礼州镇下高速，再向南折回，行程不足1小时。

公交车：在大成车站乘直达开往花庄或大坝口的客运班车，每天发往车辆有9班，早上9：15发车，下午5：25收车。

贴心提示：价格根据出产时节而定，春节前后比较贵，一度卖到10元/斤，到3月、4月时会降至2元左右。由于草莓出产时期较长，可稍晚一些前往，不但价格便宜，且人流不多。

草莓+古镇

礼州古镇是四川省级历史文化名镇，有2117年的历史号称四川"第一古镇"，不可错过。在品享草莓的途中可经礼州古镇。

每到年终，满地红彤彤的草莓就像撒落在绿野中的红宝石，点缀着城市，点缀着冬天。与家人一起坐在山野乡间，沐浴着冬日的暖阳，让这浓香甜蜜的味道，将你的味蕾在冬季唤醒，让这柔软的触觉，将整个冬天融化。

Four Seasons Of Romantic Amorous Feelings

穿越四季的浪漫

节日	地点	时间
草莓节	兴胜乡	12月28日～4月1日
樱桃花节	樟木乡	2月16日～28日
梨花节	安哈镇	2月中旬
桃花节	川兴镇	2月～3月8日
樱桃节	樟木乡	4月5日～7日
油桃节	月华乡	4月25日～6月20日
荷花节	高枧乡	7月10日～9月10日
葡萄节	西乡乡	7月22日～9月30日
蜜桃节	川兴镇	7月25日～8月30日
民俗文化旅游节	安哈镇	9月16日～17日
古镇文化节	礼州镇	9月10日～10月10日
石榴节	黄联关镇	9月10日～10月10日

03

悠闲生活

无论有多少人看待西昌，人们的角度和身份有多么不同，我们都不能否认一点：这是一个极具魅力的城市，而她的魅力就在于她那"既悠闲又生活"的双重性格。

过生活的时候，西昌人是很市井的，真实而踏实，他们把日子过成了一幅工笔画，细致入微，毫不马虎；享受悠闲的时候，西昌人立刻变得很写意，他们挥毫泼墨，尽情潇洒，把日子玩得团团转。

这些土生土长的和外来的人们，在西昌这块风水宝地上逐渐修炼成"精"，成为这座城市不可分割的一部分。

[西昌达人派]

他们是西昌各个行业的精英。他们或者土生土长在西昌，或者因为各种原因来到西昌。他们爱西昌，他们冷静思考西昌，他们眼中有不同的西昌。他们，是西昌这座城市里的人物精华体。

他们谁也代表不了，他们只代表自己的内心。

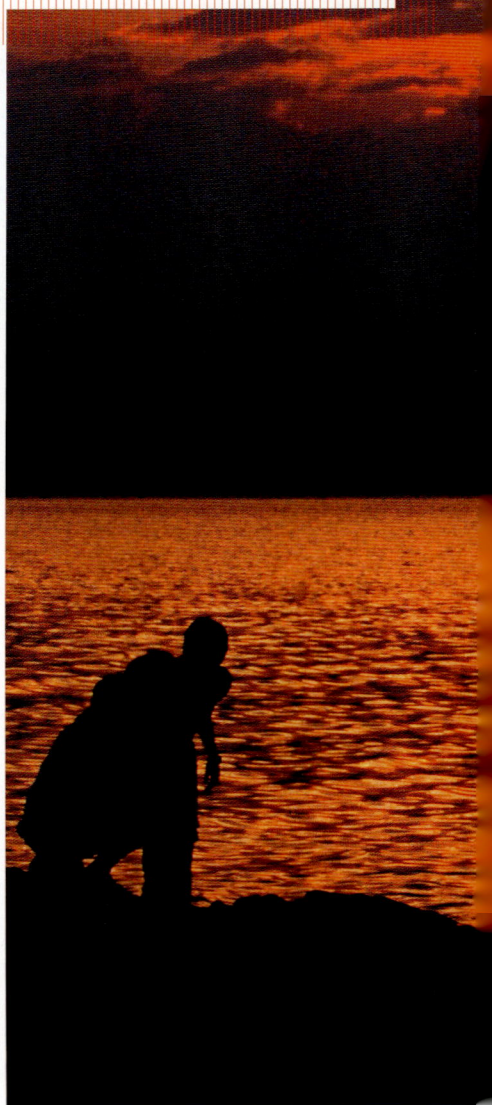

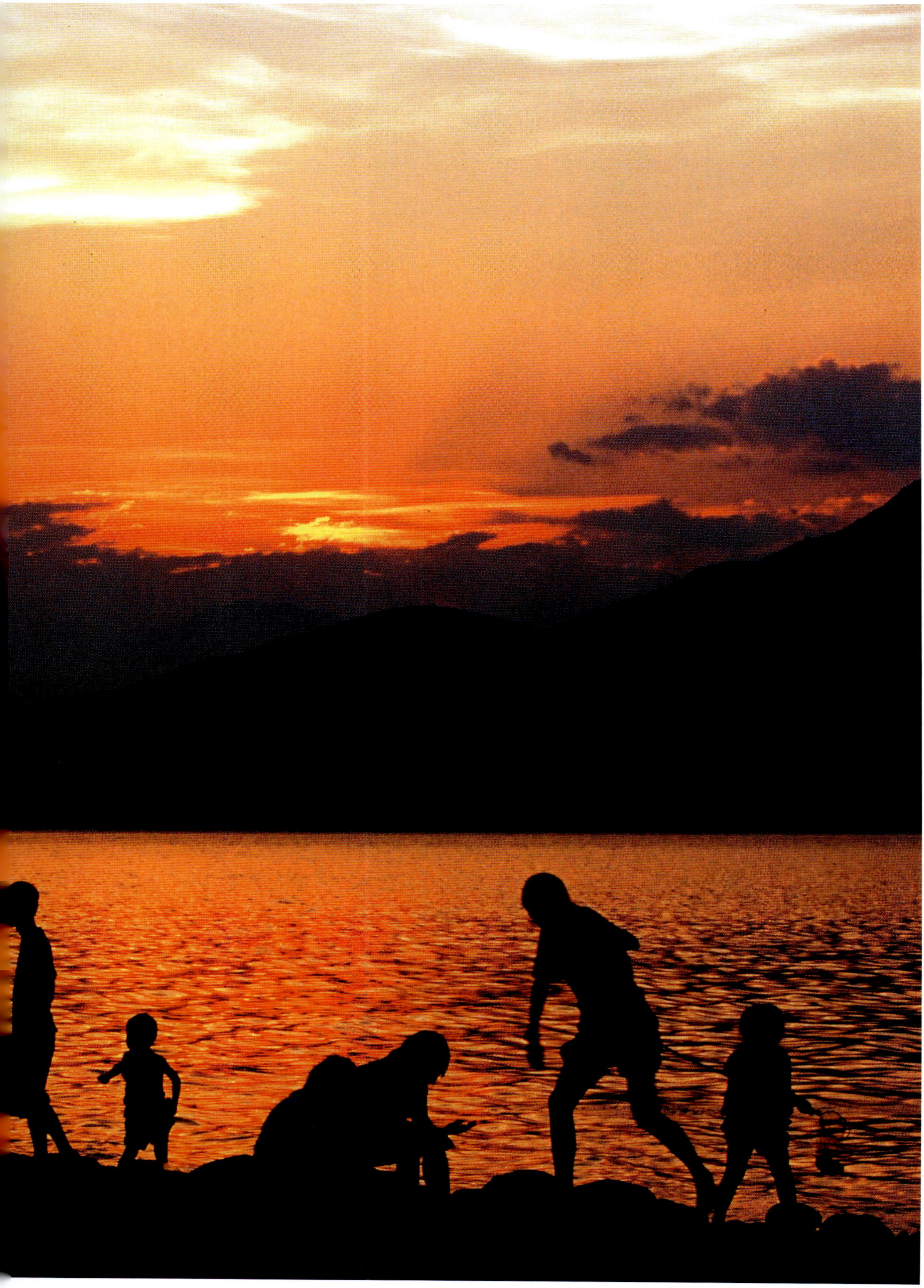

Q:在西昌的生活怎么样?

A:在我看来,从生活这个角度来说,它不逊于中国的任何一个城市。她的气候条件、生活舒适程度,我觉得中国还没有一个内陆城市可以和她相媲美的。当然如果要苛求的话,那西昌的经济条件可能还不是最好的,假如再往后几年,可能会更好了。不是有本旅游杂志评过吗,说西昌是中国十个最值得去的小城市之一。

Q:"最值得"指什么?

A:一个当然是她的山水风光了,我曾经给她起了个名字,叫山水经典,诗话之园,呵呵。另外一个是她的民族风情,这个是她的最大特点,毕竟这里是中国最大的彝族聚居区;再有,就是西昌这个地方水能资源特别丰富。这些都是老天赋予的财富,我觉得人们应该到这里来看看。

Q:你眼中的西昌人是什么样子?

A:西昌人很淳朴,对很多事物抱有着正面的积极的态度,心地比较善良,热情好客,很容易相处。之前有机会可以去成都发展,我没去,不能说完全因为西昌怎么怎么好,可就是心里有一种眷恋,和这里的人相处得很融洽,觉得适合我们这样的人生活。

Q:你们是什么样的人?

A:我们是很随意的人啊,喜欢和谐的、接近大自然的环境,很随性。

Q:作为一个媒体人,你最关注西昌的哪些方面?

A:未来。我们做了一个纪录片,叫做《跨越未来》,用二维和三维的图片把西昌的未来作了一个展示。无论是城市规划还是山水风景,我们都对这个城市怀有着很大信心和期待。

Q:你觉得西昌有城市感觉吗?

A:城市不外乎是一群人聚居的地方,我宁愿把西昌看做一个适合生活的家。目前来说,她还不是很大,却很温馨。

PENG WEN

彭文
随性人的随性生活

凉山电视台副台长。做过记者、播音员、编辑、编导；三四岁的时候跟随父母支边到了西昌，当时连路都没有，父母背着他走进了大凉山……

凉山州温州商会会长，商人，在北京做了11年的服装生意之后南下打拼，如今，他在西昌找到了更广阔的发展空间，生意和生活蒸蒸日上。

YU JIAN
余坚 这座城市让我更有信心

Q: 在北京做得那么好，为什么来西昌呢？

A: 朋友介绍说这边西部开发，机会很多，我就过来了。

Q: 在西昌你主要经营哪些生意？

A: 刚刚来这里时主要做服装的品牌代理生意，后来又和朋友们一起开办了投资公司做房产和商业等行业的投资。

Q: 在西昌打拼会更有挑战吗？

A: 从服装商人到投资商，西昌是我事业的转折点，挑战是必然存在的。我亲身经历了

这座城市的飞速发展，市场前景非常广阔，让我更有信心迎接未来事业的挑战。

Q: 作为一个成功的品牌商，你的成就感主要来自于哪儿？

A: 成就感当然是来源于在这里经营服装行业规模的扩展，并且我的事业在这里得到了多元的发展。当然这一切都是来源于西昌政策的开放和热情的西昌人对外的包容。

Q: 市场不断会扩大，你的战场还会转移吗？

A: 相信每个人都会给自己的未来定下一个

目标，在事业方面如果有更好的机会当然会选择更进一步的发展。但对于生活，我在西昌已经生活了十三年，这儿就是我的第二个故乡。商业的战场可能会不断转移，但生活的归宿只想选择一处。

Q: 你身边的人和你一样热爱西昌吗？

A: 当然，妻子和我一起在这里生活了十几年，每到假期孩子们也喜欢来这里度假。其实，我还有很多温州朋友在西昌买房、安家，把自己未来的生活全部交付在这里。

HU WEI
胡薇 想让自己更美

重庆美女，四川音乐学院大四学生，2008年度西昌月亮女儿评选冠军，成为西昌新一代"形象代言人"，自信和美丽双倍晋级。

Q:为什么想到来西昌参加选美？

A:重庆其实"盛产"美女，周围的女孩都是很自信很骄傲的，我周围的朋友也都是很优秀的人，我明白只有不断地充实自己、提高自己，才能不断地进步。到西昌参赛为了开阔眼界，也为了多学一些东西，丰富自己。

Q:你现在是西昌最美的女孩？

A:最美不敢当，自信的女孩都会很美丽。追求美是每个女孩一生的事业，我也不例外。我希望自己每天都可以更美一点点。

Q:对西昌的第一印象怎样？

A:这是一个清清爽爽的城市，开阔明朗。不会让人感到压抑。阳光特别好，总是明媚的感觉，一到西昌我就很开心。

Q:最喜欢这个城市哪一点？

A:我最喜欢西昌水果多，而且品质好，印象很深刻的是有一次从西昌参加活动回来，刚下飞机，就闻到一股浓浓的草莓香味，环视了一下周围才发现前面很远的地方有一个旅客提了一篮草莓，又红又大，我猜是带给成都的亲戚朋友的。那种香味是我从来没有闻到过的。

Q:你了解月亮女儿的含义是什么吗？

A:西昌又叫月城，因为在这里看到的月亮又大又圆，特别的漂亮，月城孕育的女孩当然叫月亮女儿啊。虽然我生在重庆长在重庆，可是通过这次比赛的结缘，西昌算是我的第二故乡了，所以我永远都会记得自己是西昌的女儿，月城的女儿，永远的月亮女儿。

DOUGLAS CANNON
甘霖 一百年不变

西昌俊波外国语学校的英语口语老师，来自美国旧金山，俨然已经成为了西昌通。校长
刘也新[...] 学生们爱戴的好老师。

Q: 到中国几年了？

A：我在成都生活了11年，在西昌生活了2年。哦，这之前我在台北学中文学了11年。前后算起来，差不多有二十几年了。

Q: 你会说彝族话？

A：[...]会说一点。我觉得到哪个地方就要[...]在[...]就[...]可能[...]也认识了旁边的彝族朋友，[...]彝族话。

Q: [...]哪方面吸引了你？

A：很多西方人对藏族很感兴趣，尤其是美[...]人，可是彝族就很少有人知道，他们说的[...]穿的衣服，生活方式对我来说都很新[...]所以我要学习。

Q: [...]西昌吗？

A：[...]和我的家乡有点像，尤其是[...]是一样的。我们

那边是冬暖夏凉，这边也是；旧金山有太平洋，西昌有邛海，是一样的。我的兄弟姐妹都来过西昌，他们也都很喜欢。

Q: 西昌的特别之处在哪儿？

A：西昌的气候很舒服，是个春城，应该是地球上最好的。而且这里距离山很近，我喜欢爬山，经常去泸山，邛海我每天也会去走，邛海公园特别美，每天早上走一趟，晚上还[...]再走一趟。西昌是一个很安静的城市，风[...]美，花草是美，安静也是一种美。散步的时候可以想心事。

Q: 在西昌交了很多朋友？

A：是，有很多朋友，各行各业的都有，汉族的也有，彝族的也有；政府官员也有，警察朋友也有，哈哈，他们很关心我，我是外籍人员嘛，经常会问我过得好不好。

Q: 喜欢吃火锅吗？

A：喜欢，经常有朋友叫我一起去吃火锅。不过我比较喜欢鸳鸯锅，如果全部是辣的那就受不了了，那个晚上也许会睡不着觉的。最好是这样，先在白锅里煮好，然后再在红锅里涮一下，一点不辣也不好吃。我发现自己现在慢慢地变成了四川人，没有辣椒吃饭都不香了。

Q: 西昌人还喜欢做什么？

A：烧烤，西昌人的烧烤我很喜欢，他们不是在湖边烧烤，就是在路边烧烤，我觉得这件事很好，一些朋友一起去吃，聊天聊地。

Q: 如果用几个词来形容西昌，是什么？

A：凉快；慢，这边什么都很慢，连开车都很慢，走路很慢，但是很悠闲；友善，大家都愿意和你做朋友。

Q: 西昌给你家的感觉吗？

A：每次飞机在西昌降落，我都有很温暖很温暖的感觉，感觉是我又回到家了。暑假的时候我从美国回来，车子刚开上高速公路，我就觉得我要到家了，很期待。无论是火车还是飞机，只要一接近，我就觉得我要到家了。

Q: 会一直在这里生活下去吗？

A：最好一百年不要变。

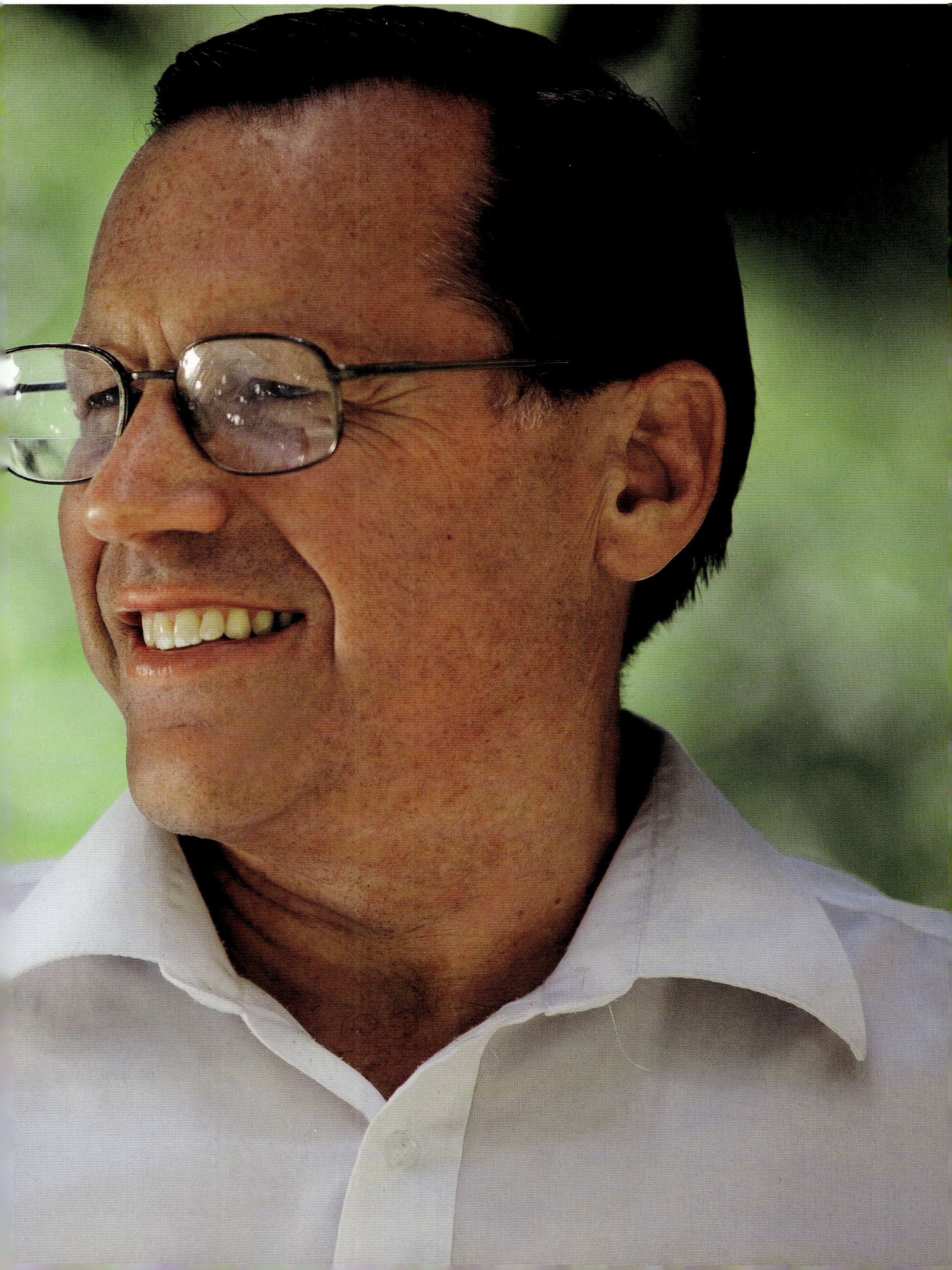

ZHANG BEIBEI
张蓓蓓 不喜欢大城市

一个具有多重身份的彝族女孩: 凉山彝族自治州歌舞团舞蹈演员, 第十一届全国人大代表, 80后……爽朗活泼、古灵精怪, 全心全意地、努力地热爱着生活。

第一次参加会议的时候我才25岁, 因为从来没有当选过, 我觉得自己当时比参加舞蹈比赛还紧张, 心里咚咚咚地跳得厉害极了。在投票选国家领导人的时候我投了神圣的一票, 当时就觉得自己身上的担子重了。那段时间好多的记者整天都围着我们两个80后的小代表, 采访得我都想哭了, 每天黑眼圈都很严重。压力很大。

今年再去的时候就好多了, 我提了学生课业负担过重的问题。还有一个关于帮助凉山这边一个藏族自治县的一个建议。

Q:喜欢西昌吗?

A:喜欢, 觉得西昌特别好。我就不喜欢太大的城市, 像北京, 我觉得它太大了, 但是北京很漂亮, 可是我觉得生活的话还是不适合我, 我有很多同学在北京, 她们告诉我每天要很早就起来倒地铁、转公交车去上班, 中午也不能回家, 晚上到家也很晚了, 太辛苦了。而且我想吃什么东西, 还要坐车到很远的地方才能吃到。在西昌就不一样了, 哪怕是去邛海, 最多也就花20分钟, 这里生活节奏很慢, 我喜欢这样很悠闲的生活环境, 不喜欢很累。

Q:你现在每天的生活是怎么安排的?

A:每天早上8点半点名, 9点钟开始基本功训练, 10点半排节目。最累的时候一天排练时间11个小时, 就是练《火·图腾》的时候, 练了两个半月, 今年火把节的时候有演出。平时没事会上上网, 和朋友逛逛街。也会利用一些业余时间参加一些调研活动。

Q:你最喜欢的运动是什么?

A:户外运动, 我在我们单位组织了一个自行车队, 2007年3月10日成立的, 现在已经成立了2年的时间, 每个星期我都会安排活动, 比如这个星期我们去烤鸡, 下个星期我们去环海。我喜欢户外运动, 喜欢去各地旅游, 喜欢品尝美食, 不喜欢在家里待着。

Q:什么时候开始接触舞蹈?

A:5岁的时候。专业舞蹈是从初中毕业之后开始学习的, 在四川省艺术学校。1999年进了凉山州歌舞团。

Q:你是最年轻的人大代表吗?

A:我排第三, 前面还有两个比我小的, 还有一个1985年出生的。

Q:你在会上发言了吗?

A:在分组讨论上我发言了, 虽然人不是很多, 但是有工作人员在一边旁听并记录, 我面对的是四川省的副省长, 凉山州的州长, 还有各地市州的领导。所以为了这个发言, 我紧张了一晚上都没睡好, 我还提前写了一个稿子, 哈哈, 念给我同屋另一个也是80后的女孩听。

第二天, 就在我打开本子, 准备好了要发言的时候, 有一个领导同志说, 接下来我来说两句。我当时急得立刻举手大声说, 我要发言! 当时大家全都笑了, 因为我实在不能等了, 再等到明天我晚上又会睡不着觉的。

彝族画家，雕塑家，开办阿格艺术工作
室，在西昌生活了将近30年，四川美院
油画专业毕业，一个无论是长相还是内
心都十分具有艺术气质的人。

Q:西昌是一个具有艺术氛围的城市吗？

A:那当然了。西昌是凉山的首府嘛，是凉山
的文化中心，这里又是彝族聚居区，所以这
里是川西文化和民俗文化的汇集中心。

Q:有没有想过到北京或是别的城市去发展？

A:到目前为止还没有考虑。以前也去过成
都，待了一阵，但是后来还是回来，觉得都
没有西昌好。这里环境好，资源也好，创作
的资源，民族文化资源，都好。搞艺术的人
必须要扎根在一个地方，深度挖掘这个地
方的民族文化。我们现在搞的一些作品，都
是带有很浓郁的凉山民族文化的，包括一
些绘画作品，一些雕塑，还有一些带有民族
色彩的建筑。

Q:哪些是你的作品？

A:西昌市内的民族风情园雕塑群，飞机场内
的雕塑，包括一些民居建筑上带有民族风
情特色的，这个最初也是我们做出来的。另
外就是州政府门前的浮雕，还有新华书店
门前两幅比较大的浮雕，都是我们做的。

**Q:和其他一些同类型的城市相比，西昌究竟
有什么不同？**

A:主要就是文化氛围，我太了解这里了，这
里有我可以创作的资源。比如丽江，也有很
多搞艺术的人去，可是如果我到了那里，我
画什么呢？我画彝族人？那不是彝族的氛
围，我画纳西族？我对他们的生活又不了
解，表面的都可以看得到，但是没办法深入
到骨子里去。

Q:西昌的城市元素是什么？

A:不同文化的交融，不同民族的和谐氛围。

A GE

阿格 离开西昌我画什么

律师，从业20年，四川鼎仁律师事务所主任，
关注弱势群体，心怀仁爱，坚守原则。

LIU CONG
刘枞 在西昌活得很真实

Q: 律师会接触形形色色的人，你眼里的西昌人是什么样子？

A: 西昌人生活得很自信，这种自信来自于他们生活很优越。我觉得西昌这个地方没有多少自然灾害，旱灾、虫灾、水灾很少，自然条件得天独厚，我比喻西昌这个地方是埋一块石头都要发芽都能长出粮食来，所以生活相对于其他地区的人们来说很优越，没有什么压力。

Q: 放弃了可以出国生活的机会，为了什么？

A: 为了一种率真的生活氛围。你留在一个地方生活，更多的是因为人与人之间的关系，这要比自然环境对人的影响更多一些。我之所以不想离开，一个是因为这里朋友多，还有一个重要原因就是，在这里可以比较真实地活着，周围接触的朋友也很真实，这点对我的吸引最大。

Q: 您名片上印着一段很经典的话？

A: 是。天下方定，夏禹聚九州之铁铸九鼎，鼎乃神器。仁为夫子大义，乃博爱。以博爱之心兼济天下，以不可亵渎神器之敬畏视法。是谓鼎仁。

LIU HUANLI

刘欢丽　这种幸福独一无二

漂亮的幼儿园老师，喜欢孩子，琴棋书画样样都通，绝对是小朋友眼中可爱美丽的大姐姐形象。每天面对这样的老师，估计谁也不会害怕去幼儿园了，西昌的小朋友可真幸福。

Q: 你们幼儿园的老师都像你这么漂亮吗？

A: 哈哈，都很漂亮啊，而且，年纪大部分都和我差不多，都是年轻的女孩子。

Q: 当幼儿园老师好玩吗？

A: 我喜欢孩子，所以每天觉得特别开心。不过做老师可不好玩，很累的，我们必须要掌握五项技能，绘画、唱歌、跳舞、弹琴、普通话。幼儿园老师就像一个百宝箱，什么都要会一点。

Q: 你们每天都做什么？

A: 每天第一件事就是迎接孩子们进园，亲亲她们的小脸蛋，鼓励他们，对他们微笑。除此以外，要教他们唱歌、跳舞，要带他们做早操，和他们谈心，带他们睡午觉，吃饭，如果有小朋友打架了，还要批评教育。

Q: 现在的小朋友都喜欢什么样的老师？

A: 他们喜欢漂亮的，可以和他们一起玩一起疯的，可以和他们分享悄悄话但一定要替他们保密的老师，他们就会非常信任你。

Q: 那你是这样的老师吗？

A: 我正在努力做得更好，希望可以和孩子们成为真正的好朋友，让自己越来越了解他们，理解他们，懂得他们。

Q: 看来你的生活充满快乐？

A: 是啊，和孩子们在一起自己都会觉得特别年轻，而且很单纯，这种幸福感是独一无二的。

保险行业白领，在北京生活过几年，因为追随爱情，从北方来到了西昌，把自己的小生活经营得有声有色。

Q: 你是哪里人？

A: 山西人，我是大学毕业之后跟着男朋友到的西昌。在西昌结婚，安了家。

Q: 现在会说西昌话吗？

A: 能听得懂，还是不大会说，可是北方人听了可能会觉得我的口音已经带有川音。

Q: 适应这里的生活吗？

A: 还好，喜欢这里的气候，很舒服，不像北方城市那么干燥。

Q: 西昌最吸引你的是哪一点？

A: 因为爱情，我才来到西昌，要说最吸引，我觉得这里的人不排外，让我有继续待下去的兴趣，还有我喜欢邛海。

Q: 在大城市生活过，来到西昌有没有落差感，为什么？

A: 来到西昌的时候，也许和我的态度有关，也许是我适应能力比较强，很快就能融入进来。我并没有因为自己是外地人而感到有一丝孤独，也没有因为对西昌这座城市不了解而产生陌生感。第一眼看见邛海，就喜欢上了它。喜欢邛海的宁静，喜欢邛海的波涛，喜欢关于邛海的故事。在我心里，西昌有着和大城市不一样的特色，我对它已经有了很深的感情。

Q: 这个城市是否可以给你幸福感？

A: 幸福在我看来，它是个既奢侈又简单的东西。我喜欢西昌，这里有我的家，有我的朋友，我感觉很满足。

LI JIA
李佳
为爱驻足

LI SONG

李松 疲惫里没有焦虑感

Q 您看上去不像是南方人?

A 是吗?很多人都说我像北方人,还有人以为我当过兵,不过我真是想当兵,一个男人,一辈子没当过兵,总是一种遗憾。

Q 做酒店多少年了?

A 做酒店管理差不多12年了。金桥是我做的第一个酒店,到目前为止也是唯一的一个。

Q 您怎么定位自己现在的身份?

A 我个人给自己的定位是,国有企业的管理者。我不算是商人,我也不喜欢自己被定义为商人。

Q 这个城市在你眼中是什么样子?

A:我刚到西昌来的时候,感觉还是比较落后的一种状态,这种落后有很质朴的感觉在里面,但是这20年来,西昌发展得相当快。以前我们出去,别人问,你是哪里的,你说是凉山的西昌的,没有人知道。你说是发卫星的地方,人家才恍然哦,是那个地方。那时还有点不好意思说自己是西昌的,现在别人听说你是西昌人都很向往,说那个地方空气很好,自然风光很美。尤其是在2006年的冬旅会之后,西昌城市的整体水平都上了一个台阶。

Q 您在行业内感受最深的是什么?

A 首先我是学水电的,凉山几个大的水电项目,还有矿业项目,推动了凉山经济的发展,同时也奠定了西昌这个城市经济发展的速度,这两个行业的很多人都从全国各地来到了西昌。酒店行业感受最为深刻,全国各地的旅客多了,停在酒店门口的车子的车牌号丰富了,全国各地的车牌号我看在西昌是最多的了。我们认识的朋友更多了,联系的企业更多了,渠道也更宽了。

Q 作为一个企业老总,在西昌的生活累吗?

A 说不累是假的,但是这种累,是单纯来自于工作的忙碌,是工作强度大;心情是很愉快的,没有压力,没有焦虑。这个城市没有让我感到有丝毫的压迫感,很愉快,我想,这也正是我们被别人羡慕的原因所在。

凉山州大桥水库开发总公司副总经理，金桥酒店
总经理，做过行政，在政府机关待过，现在做企
业，言谈举止流露出雷厉风行的气势。

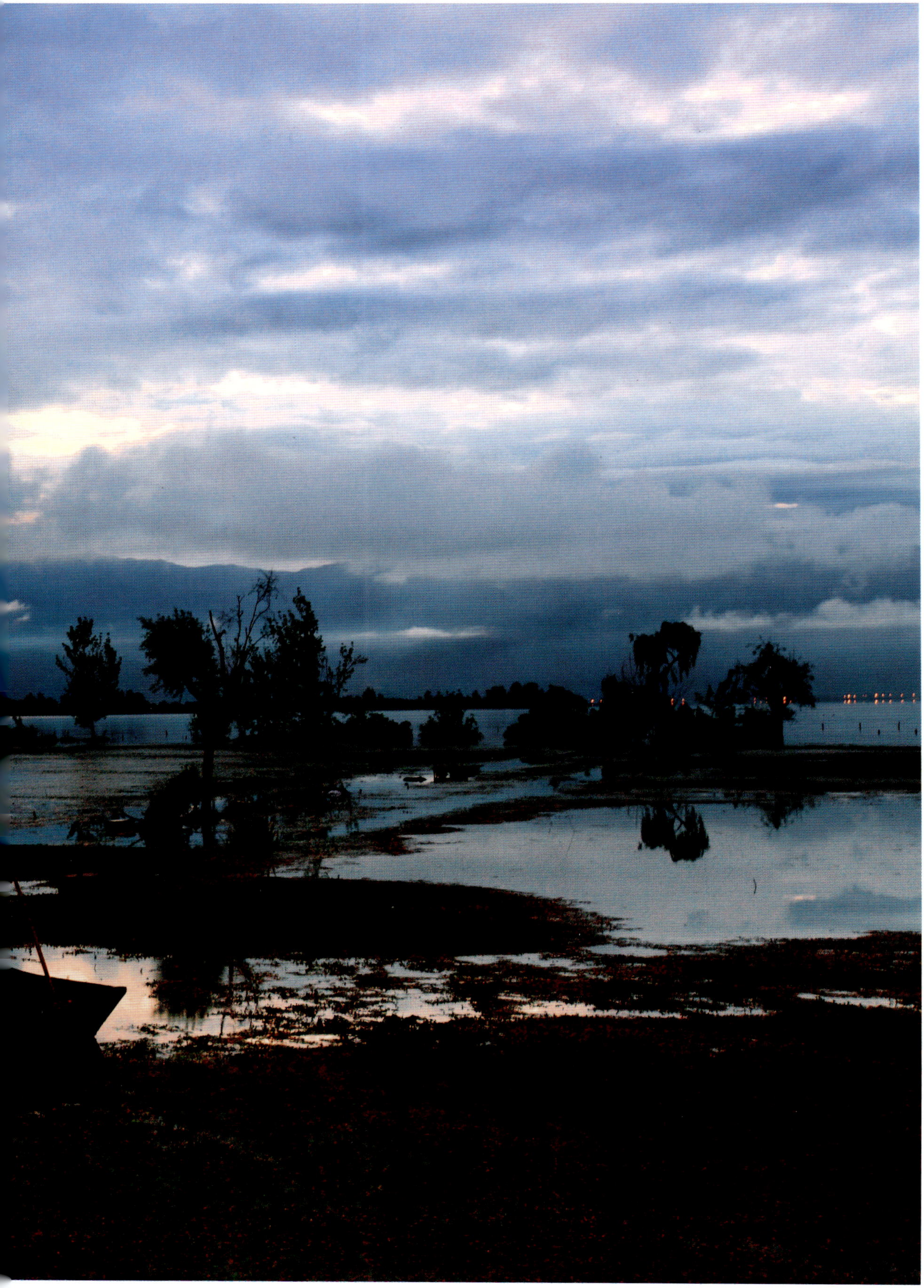

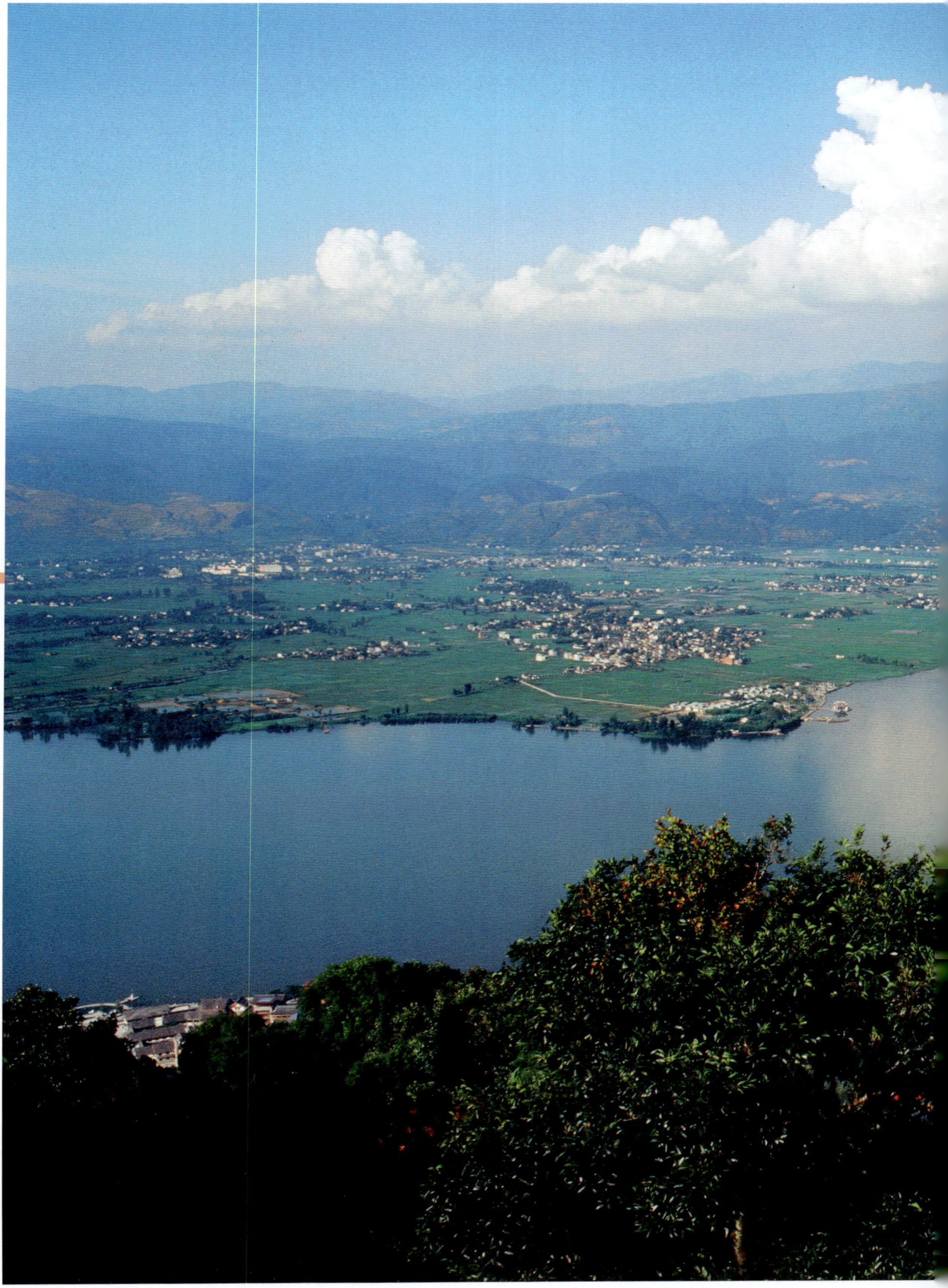

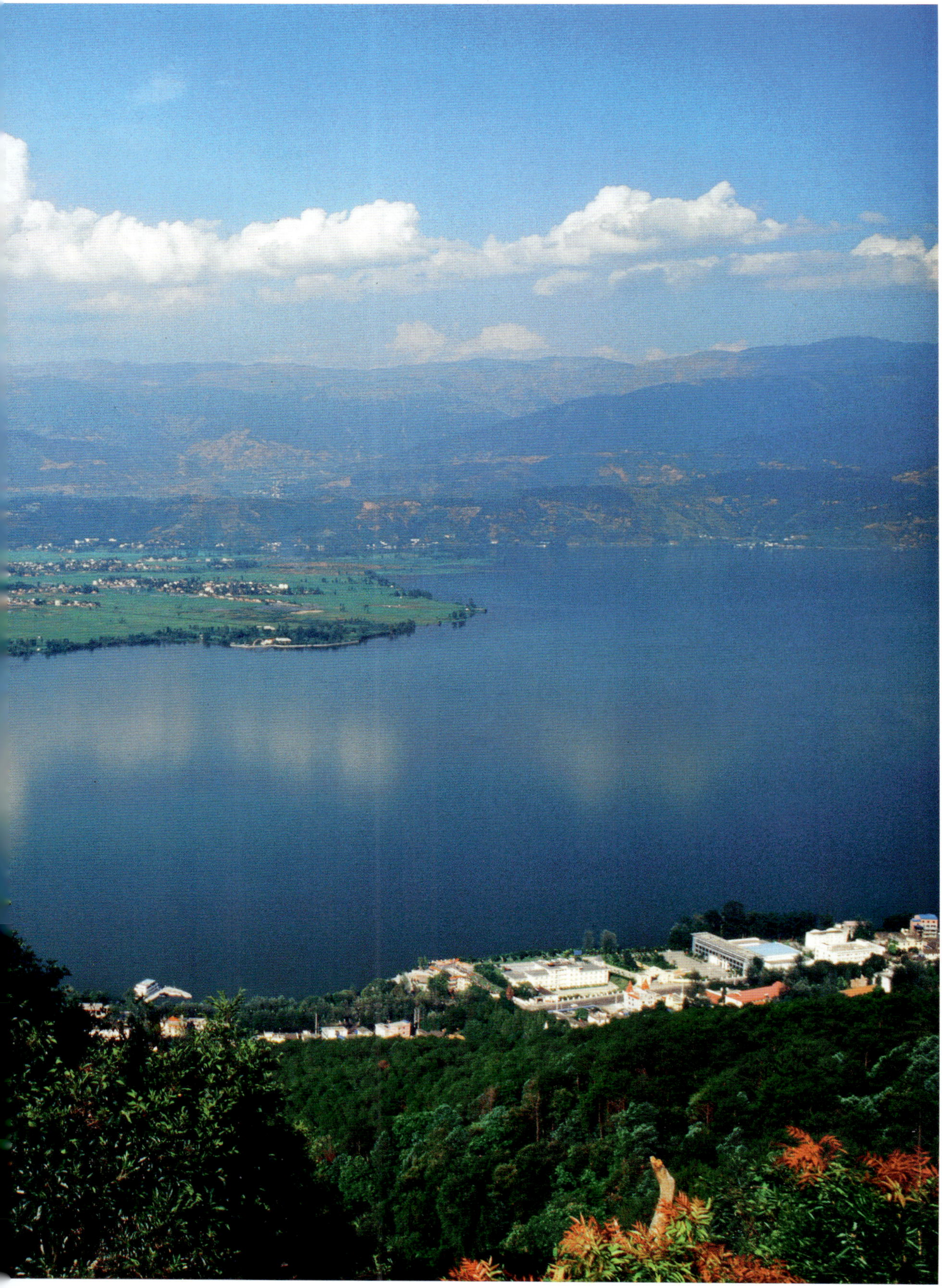

Temptation In Three Days

72小时
邛海诱惑

把一生的美景，浓缩在72小时里，留待以后，慢慢回味。

关于邛海的Q&A：

Q: 邛海是海吗？

A: 邛海是四川省第二大淡水湖，距市中心7公里，卧于泸山东北麓，螺髻山北侧，山光云影，一碧千顷，是四川省十大风景名胜区之一。面积约31平方公里。

Q: 邛海是怎样形成的？

A: 在这个问题上有很多种说法，最具影响的是说邛海属于地震下陷形成的陷落湖。但也有些水利专家和地质专家不认同这种说法，所以，邛海真正的形成原因还有待考察。

Q: 邛海的水来自哪里？

A: 据专家考证，邛海水源有四：一是邛海水面31平方公里的大气降水；二是流入邛海各溪流及其区域范围的地表径流；三是邛海外冲积层间的地下径流；四是岩溶及其岩裂隙水补给。

Q: 邛海都有哪些特有的生物？

A: 邛海湖内有40多种鱼类，其中有特有的白鱼、鲤鱼、大虾、螃蟹等。秋末冬初有19种候鸟携家眷来此过冬。

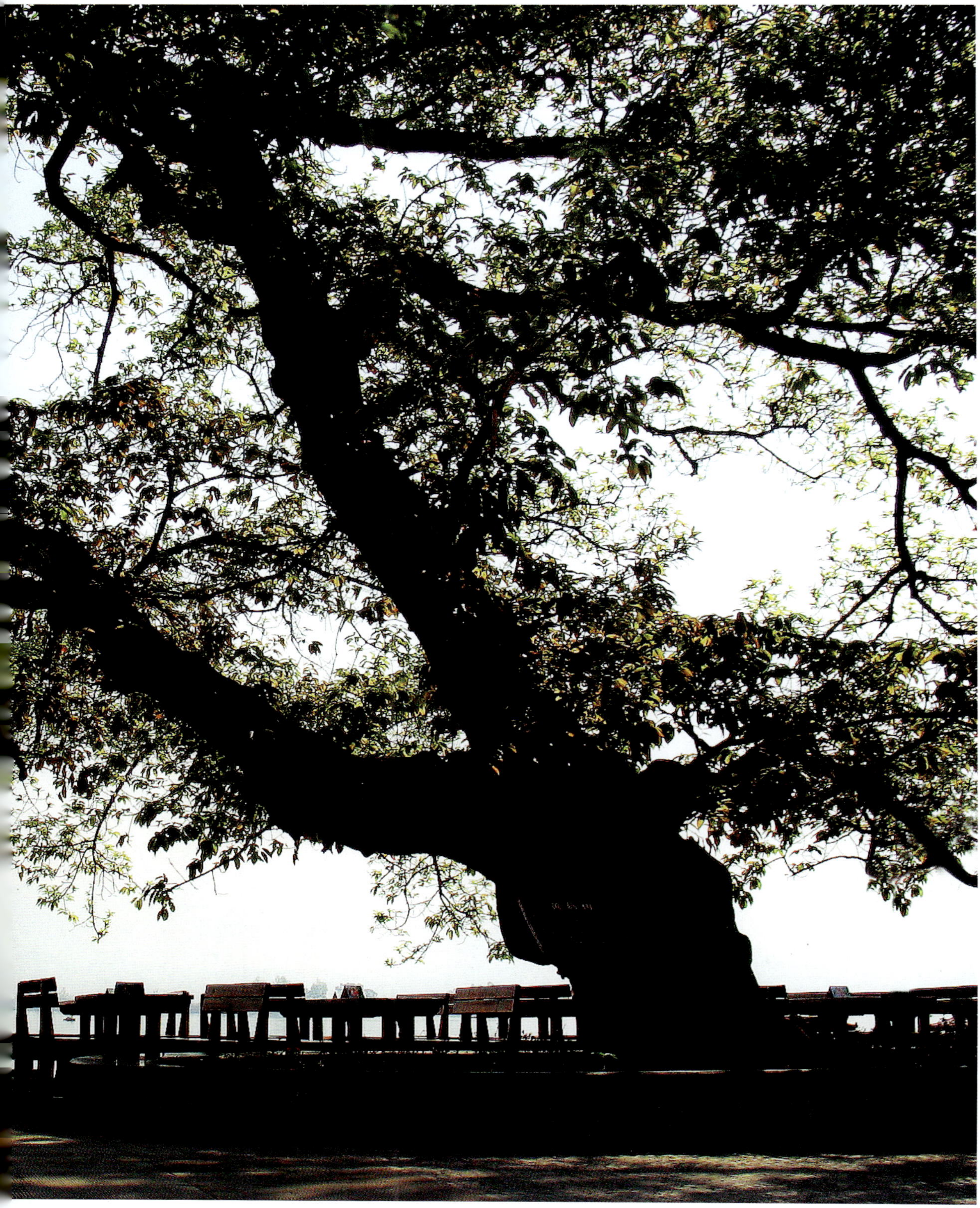

湿地观鸟、田园信步、湖泊泛舟

邛海乐于将它各异的风姿，呈现给行走的我们

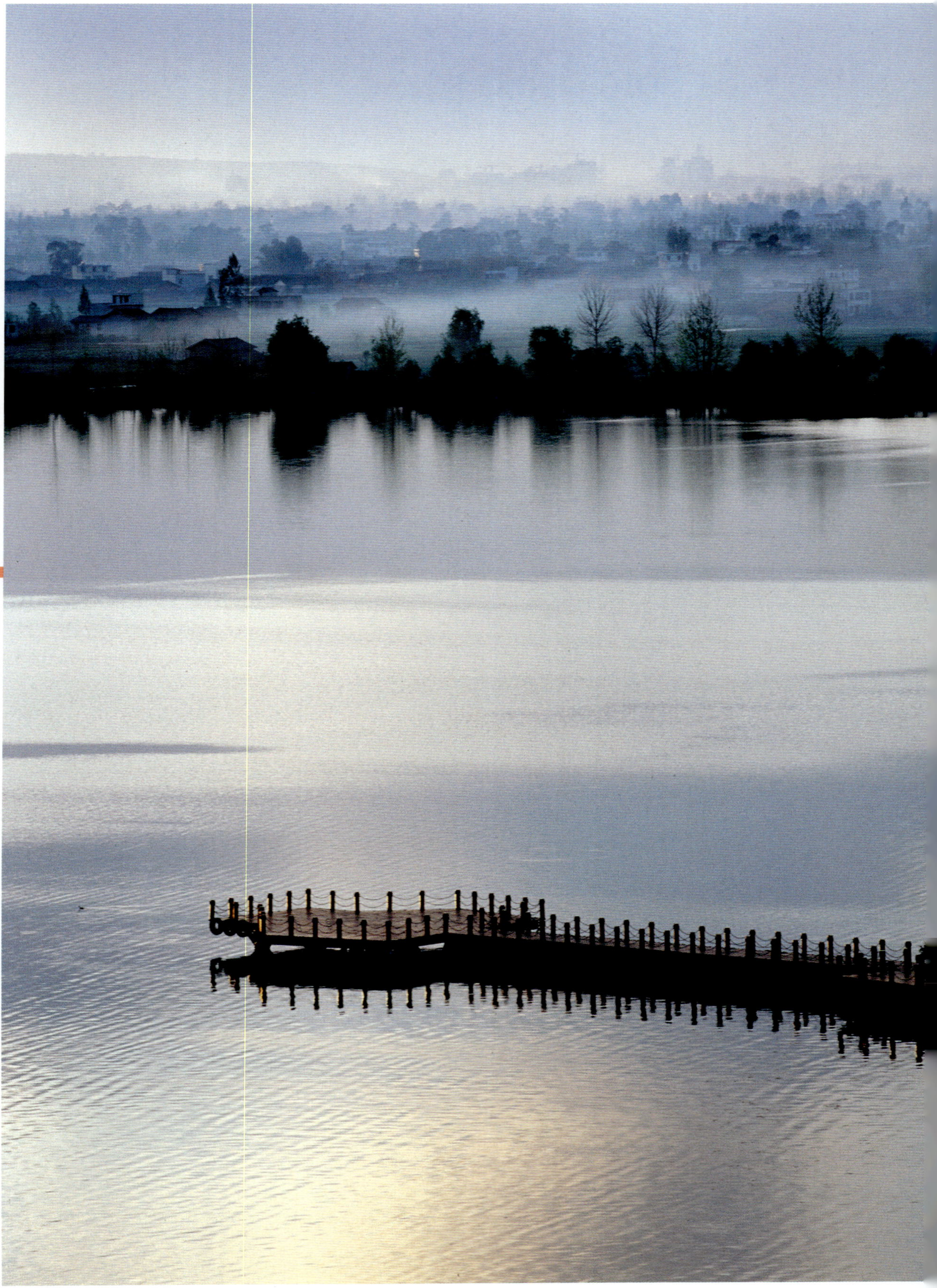

第一天：惊艳 邛海印象

环邛海慢摇
开往春天的公车

想了解邛海，不能一下子走进她。首要的一件事，就是要远观，安静地、慢慢地环绕着她，欣赏。

这就好比我们喜欢一位姑娘，总不能贸然地去跟她搭讪，那样显得轻浮。于是远远地观望，从各个角度打量她，如同欣赏一件艺术品，吊足胃口，方显价值。

在一个温暖的春日早上，我们坐上环邛海的公车，开始这趟慢摇似的旅程。

邛海宾馆、月色风情小镇、邛海公园、观海湾、核桃村、青龙寺、月亮湾……车子按部就班地停靠，人多起来，渐渐地又少了，阳光暖暖地照在身上，如画的景致慢慢地从车窗外掠过：湛蓝的湖面上白帆点点，夺目的三角梅盛放在路的两旁，起伏的环湖公路仿佛偶像剧里的场景，每一个缓坡都让人随之心动，每一个转弯都带着未知的惊喜。

湖水近了，又远了，树影婆娑下的湖面寂静无声，像婴儿一样纯净美好。大片大片金黄的麦田在眼前铺展开来，劳动的人们身影犹如被定格在画面里，鲜艳而生动。

偶尔，会有牵手的情侣徒步走在寂静的公路上，长长的影子投射下来，他们悠然地散步，所有的风景都成了最好的布景，衬着这浪漫的一幕，久久地回放。很多时候你甚至想冲动地跳下车，加入到这浪漫的漫步中，只恨身边没有合适的人，恨自己没有处在最好的年华，白白浪费了这现成的空镜。

向导： 格桑拉姆，凉山人，尔苏藏族，凉山彝族自治州歌舞团舞蹈演员；喜欢户外旅行，周末经常随团里的自行车队外出郊游；最喜欢的就是邛海的月亮湾。

TIPS

环湖公车指示牌：

106路环邛海公交线路，6：30~18：30，起点在大城商业广场门口。

途经车站： 火把广场 —— 邛海宾馆 —— 月色风情小镇 —— 邛海公园 —— 凯旋酒店 —— 海景俱乐部 —— 观海湾 —— 古城 —— 海南 —— 大石板 —— 杨家院 —— 核桃村 —— 青龙寺 —— 青龙桥 —— 海湾宾馆 —— 月亮湾 —— 小花山 —— 小渔村。如果不下车的话，全程1小时30分钟，平均20分钟发一次车。

票价： 全程6元。

邛海味道
欲罢不能

环湖一圈之后已近中午，邛海宾馆旁边的烧烤一条街是解决午饭最好的选择。站在巷子的一头往下看去，袅袅的炊烟里尽是人头攒动，市井气十足。

在西昌，吃烧烤是不分时间的，即便是中午，也可以悠然地坐在路边摊子前，大嚼特嚼，讲究的是气氛。

这是一条缓坡，从大路上走下来，两旁全是遮阳伞，伞后面是紧挨着的一家家烧烤摊子，炉子支在铺面门口，伞下面是大片的桌椅。烤鱼肚、烤鱼皮、烤牛肉、烤牛筋、烤鸡脚筋都很美味，最好吃的是烤小肠，很细小的肠肉串在签子上，滋味全在里面，咬一口满口生津。

第一次去的时候很小心翼翼，不知道这稀奇古怪的烧烤内容里到底什么滋味，犹豫着点了两串小肠，想尝尝再说。小伙计立刻拿眼瞅我，大概两串这个数字从没出现过在他们的脑子里。或许他已经给我们下了定义，这是个不爽快的人。

可是，两串下肚之后，我们大喊，"老板，再要20串！还要加一盘烤饵块！"瞬间被这种浓香的味道击倒，不得不佩服，西昌人很懂得吃。

然而最令人垂涎的还不止如此，那硕大的蚌壳，堆在大塑料盆里勾引着我的食欲。做法更让人惊奇，把蚌壳敲开，把蚌肉掏出来，用刀切碎，然后把蚌壳放在火上烤，里面倒满了金灿灿的油，不停地烤着，等到有烟冒出来，往蚌壳里加调好的酱汁、辣椒，继续烤。最后，才放进蚌肉，香气顿时扑鼻。

这样一只蚌，要10元钱。可是它的价值，远远不止这些钱。单看一次，就能满足很久。最最重要的是，在享用美食的同时，远处的美景，尽收眼底。

只为上山看邛海

吃过饭，可以去爬山，不为别的，只为从高处看邛海。

泸山是邛海景区的一个重要组成部分，这一点，其实最令外地游客羡慕，因为如此唾手可得的山景，从市区只要10分钟便可抵达。周末的早上，很多人都会坐公车到邛海宾馆下，对面就是泸山。

下午的阳光正好，陪伴着我们一同上山去。登山是个费体力的活动，一层层的台阶仿佛永远没有尽头。可是，如果你的目的不在山本身，就会好过很多。心里想着不远处就可以看到整个邛海，那种期待的感觉，顿时让我体力大增。

建议所有初次到西昌来的人，一定要俯视邛海的全貌，震撼不是语言可以描述的。邛海不是很大，从上面看，不过像一面镜子。可恰恰就是这面镜子，把所有人都晃得意乱情迷。或许只有从高处看她，才可以置身事外地欣赏她的美，不被迷惑。

下午时分，阳光斜射在湖面上，静得连一丝涟漪都没有。山顶的风徐徐吹来，天空的蓝色折射到湖面上，像宝石一样发着光。也许离开西昌很多年后，那些琐碎的细节早已忘记了，但是唯有这样一个下午的惬意感觉，永远都不会遗忘。

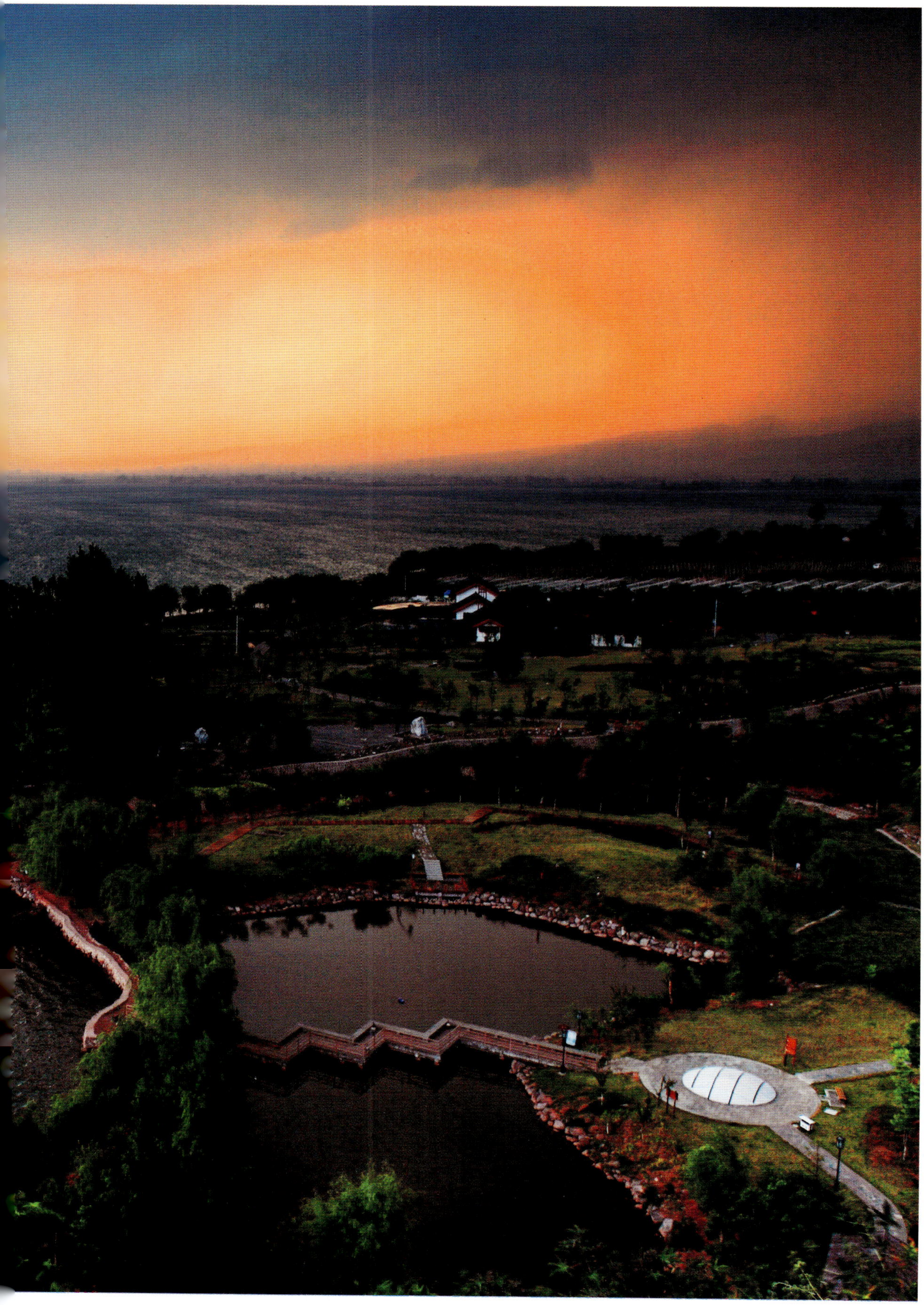

2

第二天：
邛海分解式

邛海宾馆 完美度夏

在邛海周边的所有宾馆当中，邛海宾馆是个"异类"。因为它完全颠覆了人们对宾馆的传统概念认知，这个建造得像皇家花园一样的地方，早已经突破了单纯住宿这样的简单范畴，进步成为一种奢侈的享受，从这个意义上来说，"异类"绝对是一种赞美之词。

邛海宾馆始建于1958年，是凉山的"国宾馆"。宾馆占地面积12万平方米，花园式格局，建筑成别墅式分布，均坐落在邛海湖边。馆内回廊曲榭、鸟语花香、空气清新，客人可以直接从宾馆专设的码头登舟畅游邛海。

晓风楼、阳光楼、映涛楼、皓月楼、观海楼……整个宾馆看上去像是欧洲沿海小镇的一个缩影，奶白色的圆顶凉亭，石板路，高大的棕榈树，流水潺潺。最美的景色就是宾馆的外围的邛海，低垂的树影间是漂亮的白色长椅，面朝湖水，可以静坐整个下午。

微风拂面，湖面上帆板点点，偶尔滑过的渔船像流动的背景板，无声无息。静，邛海宾馆真的安静，除了鸟鸣，听不到喧嚷。有没有见过孔雀和人一同走在路上，在这里，无意中的一低头，你就会惊奇地发现有孔雀在你身边踱着方步。它们不怕人，优越的环境让这些尤物都变得自信满满。

想泡温泉吗？邛海宾馆有一处带露天泳池的温泉会馆，白色的篱笆墙，血红的三角梅放肆地探出墙外，泳池的旁边，就是湛蓝如宝石的邛海。开阔的视野，经常会有海鸟在低空盘旋。在这样的氛围下游泳或是泡温泉，该是莫大的享受吧。即便只是坐着，什么都不做，看着时间一点点地流逝，也是一种奢侈的体验。整个夏天，乃至未来的若干个夏天，都可以消磨在这里，完美至极。

邛海宾馆悠闲漫游路线图

邛海　码头

码头　温泉水疗中心　双

别墅

别墅　别墅　别墅　别墅

网球场　国际会议

侧门

TIPS

邛海宾馆

地址：西昌市海滨路，距市区7公里，距火车站9公里，距机场20公里。

电话：0834-3953333

挂牌价：晓风楼标间580元/间，套房880元/套；观海楼普通标间380元/间，映涛楼海景间480元/间，别墅区海景单间1200元/间；详细价格请电话咨询。

温泉会馆咨询电话：0834-8888228

邛海周边酒店推荐

1. 醉太平酒店

地址：西昌市海滨路

电话：0834-3951811

2. 西海月酒店

地址：西昌市月色风情小镇四栋

电话：0834-8016666，8018888

价格：单人间平时6折，火把节期间全价。24小时免费宽带上网。

3. 夏威夷假日酒店

地址：西昌市海滨路22路公交车站总站（船形建筑）

电话：0834-8636118

4. 凯旋酒店

地址：西昌市邛海公园南侧（三星）

电话：0834-3868400

挂牌价格：单间360~380元，平时6折左右，节假日全价。

月色风情小镇
风光无限

仁山智水广场区、古榕月韵滨水漫步休闲区、马可波罗商娱区、月色逍遥客栈区、原始风貌区和泸山入口广场等七个大的功能区共同构成了月色风情小镇。这是一个以邛海、泸山独特的历史文化和山水文化为载体，融休闲娱乐、特色餐饮、特色工艺品制造与出售、家庭旅馆等为一体的综合服务区。其中，邛都八景壁画令人印象深刻：泸峰春晓、碧浪朝阳、古寺晚钟、邛池夜月、东帘飞瀑、西沼采莲、卧云烟雨、螺岭积雪，西昌所有特色风景全部收纳其中。

再走过去，就是美丽的邛海公园，位于美丽的西岸中部，是泸山与邛海结合部的开放式滨水公共活动场所。依山傍水成线形分布，楼台廊榭错落其间，由北向南依次建有古榕广场、清音园、花径长堤、盆景园、梨花伴月、花舞彩坪、碧海浮波、望湖楼、绝壁飞瀑、林荫绿廊竹园、水上舞台、梅园、菊圃等景观。

其中，花舞彩坪设主题艺术小品"斜阳疏影"，周边为半合围形式的景观柱，地面铺装采用彝族传统图案火镰纹，中间为卵石相间的绿茵草坡，给人以向心感和神圣感。整个花舞彩坪，状如展翅飞舞的彩凤，其凤头伸入湖内，通过花坛、花柱、喷泉、四季时令花卉描绘出五彩缤纷的凤身，别具风味。

在这里，经常可以看见年轻的情侣，长久地躺在长廊上，或是依偎在花圃前，你会感慨，年轻的时光真好，可以消磨整个下午时光而浑然不觉。

月色风情小镇有很多家庭式旅馆，有很宽阔的露台，距离湖边很近，可以坐在露台上烧烤，有无敌的美丽风景。这样的家庭小旅店，往往有很好吃的菜式，厨师很多都是自己家里人，家常口味，反而很亲切。关键是位置绝佳，坐拥邛海，随时可以出去吹吹海风。

TIPS

邛海边的家庭旅店

1. 清音山馆
地址：月色风情小镇新村派出所对面

电话：13981589895

环境幽静、雅致，住宿：120元/间，节假日300元左右，只有7个标间，节假日会比较紧张。

2. 邛海风味餐馆
电话：0834-3693008、3950606

特色：邛海鱼、虾、毛蟹。

住宿：80元/间，节假日150元/间，有10个标间。

3. 小楼客栈
电话：0834-3952222、13981561999

住宿：提供零散客住宿，中长期包吃包住。还免费提供火车站接送服务。价格在80~100元/间，节假日200元/间左右。

4. 海味楼
电话：0834-3951999、15828791085

特色：邛海鱼虾、毛蟹、乡村腌腊熏卤

住宿：68元/间，节假日88元/间，包月800~1200元/间不等。

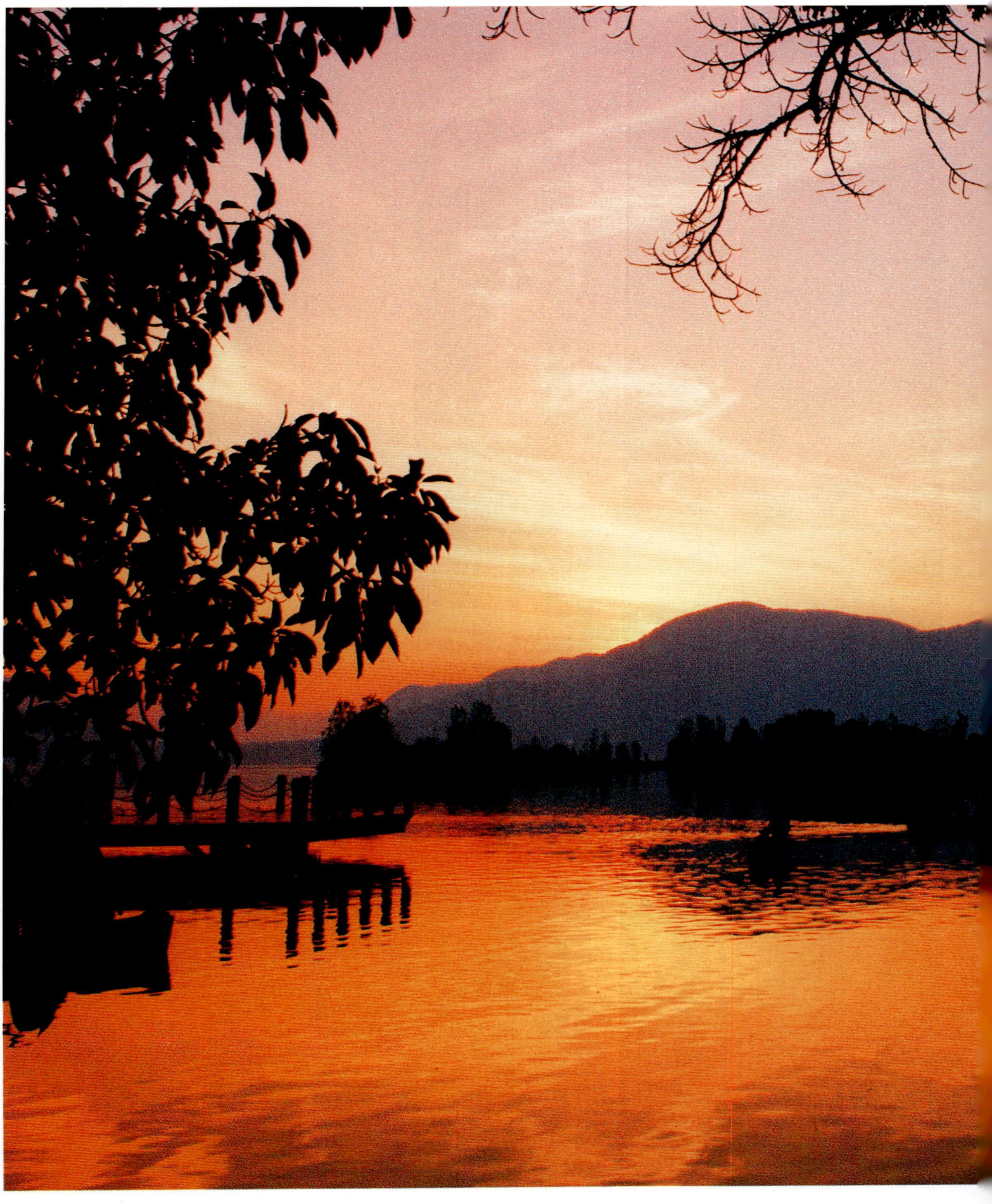

听！那水边的阿狄丽娜

月亮湾是属于傍晚的。

每当夜色降临，这个形似月亮的海湾，就如那娇羞的少女，开始蒙上迷离的光，散发出无法阻挡的诱惑。月亮湾之所以叫月亮湾，就是因为在这里，是观赏月色的最佳地点。前景区由海月亭与月亮湾石刻导入，两个景点遥相呼应，景点之间有风情独特的农家宅院为游人提供便宜的食宿。月亮桥静卧在月光水影之中，掩映于绿荫之下，青石拱桥，雕砌画栏，凭栏远眺，湖光山色尽收眼底。

沿着湖岸蜿蜒198米的滨海步道用原木搭建而成，步行其上，凌水御风，浪漫惬意，站在渔人码头，遥望湖光山色，青峰叠翠，美不胜收。船可泛舟海上，岸可观百年老树，最吸引人的便是一棵古黄桷树抱柏树的奇特景观，一棵粗枝大叶，像是壮实憨厚的丈夫，另一棵纤枝细叶，像是娇艳多情的妻子，宛如交颈而眠于水边的鸳鸯。斜长的树干与地面的夹角不超过30°，人要上去，不用爬树，直接就可以走上去。

起风的傍晚，在月亮湾听涛声，是能让人醉心的。站在渔人码头的木栏前，那一声声拍打在岸上的涛声，听得人如同喝了美酒一样熏熏然。如果运气好，当日落时分，漫天彩霞尽情欢舞，映红了整片邛海上空，搬一把藤椅，坐在靠海的树影间，面对这壮观的霞光，你听 —— 仿佛有琴声旖旎响起……是那首理查·克莱德曼经典的"水边的阿狄丽娜"！

一切浑然天成。

3 第三天：饕餮之后的欢愉时光

小渔村
走进迷宫

邛海边的小渔村是个神奇的地方，这里仿佛与世隔绝一般，完全自成一体。当你逛遍了邛海边上宁静的景色之后，一定要来小渔村放松神经，因为在这里，你要作好准备放纵自己。

第一次进小渔村，我们整个傻眼。不宽的街道两旁全是餐厅，巷子越走越深，仿佛永远到不了尽头，放眼望去密密麻麻，鳞次栉比。街上堆满了各式水产品，龙虾、扇贝、带子、鳝鱼……抬眼发现绳子上还挂着长串的板鸭，像士兵一样列队欢迎我们的到来。

小渔村一点也不小，这里完全就是一个美食的天堂，走进来，就像进了迷宫，开始有点犯晕，越走就越有味道，最后甚至不想出来，因为美食太多，选择也太多。烈日下走得渴了，这里有纯天然的甘蔗汁，神奇的机器把一根甘蔗生生轧出绿色的汁液，那甘甜的味道，让你久久都不能忘怀。

小渔村展现渔家朴实自然风情、民俗为主的景观，呈现一派江南水乡建设风格，同时融入现代时尚自然人文景观为特色。游历其中，体会"桃花源"中鸡犬相闻、蛙声一片的田园生活。

湖上
看时光悄然静止

到了第三天，推荐你一定要去邛海上泛舟。月色风情小镇的码头上可以租电瓶船，也有画舫船可以载客到邛海周边的各个景区。

TIPS

画舫船收费标准

月色风情小镇至小渔村 10元/人次

月色风情小镇至月亮湾 30元/人次

月色风情小镇至青龙寺 30元/人次

海景俱乐部至青龙寺　20元/人次

海景俱乐部至月亮湾　20元/人次

海景俱乐部至小渔村　15元/人次

小渔村至月亮湾　　　25元/人次

小渔村至青龙寺　　　25元/人次

月亮湾至青龙寺　　　10元/人次

够10人就可开船，以上价格为最高限价，下浮不限，遇春节、五一、火把节等最高可上浮50%。

农家乐 乐趣在于发掘

邛海周边有很多农家乐小院，大多是自家的院子，收拾得很温馨，门口一般都有大片的三角梅，远处看去好像童话里的神秘小屋，临海，原生态，风景无敌，海鲜更是无敌。

到了邛海，不能不吃醉虾，邛海的醉虾就像一张名片，不吃就枉来了一趟。醉虾是鲜活的邛海产小青虾直接做成的，用西昌当地产的包谷酒、辣椒面、花椒面、姜米、蒜米、葱花、香菜、酱油、醋、味精等调料调成味汁。先把活虾洗净，装在玻璃缸里。将调好的汁淋在上面。然后盖好盖，一般是在把虾端上了桌才浇汁儿的，这样客人才能放心吃。因为必须要活虾，不新鲜不能做醉虾，待虾停止了跳动就可以吃了。

除此以外，风味鸡、家常鱼、鸡油菌、水煮虾、海菜、老虎菜都是农家乐里必点的美味。一边欣赏着湖上的美景，一边吹着凉爽的风，一边品尝着美食，农家乐的意义也就在于此了。

各有特色的农家乐

1. 玉波园

地址：西昌市海南乡缸窑村

电话：13881563868，0834-3081489

推荐：醉虾、辣子鸡、水煮虾

2. 邛海马姐特色烧烤

地址：邛海月色风情小镇

电话：15983423376

推荐：各种烧烤、海鲜，卷粉、凉面

3. 临湖山庄

地址：邛海东海岸月亮湾前方300米

电话：0834-3081115，6152683

推荐：烧烤，还可以住宿，价格为平时60元/间，节假日100元/间左右

4. 普格黄家烧烤

地址：邛海宾馆斜对面

电话：0834-3950837

Some Good Advicese Around Qionghai
未来N天环湖方案

72小时游邛海远远不够，很多人长期包下海边的民房，只为慢慢地细品邛海的景色，在未来的若干个日子里，实在有很多可能的方案供你在邛海周边消遣。

爱上一个人，一起慢慢变老

事实证明，邛海的爱情指数很高，说通俗点，邛海是个谈情说爱的好场所。无论是在湖中心泛舟，还是徜徉至起伏的湖边公路上，抑或是垂柳依依、曲折隐蔽的湖边小径，都是谈情说爱的绝佳地点。

邂逅一个漂亮的西昌姑娘，或是一位帅气的西昌小伙，将两个人的爱情带到邛海边演绎升华，实在是一件浪漫唯美的事。而且，搞不好就变成了一辈子，让邛海见证一生一世的爱情，幸福也会长长久久吧。

光福寺祈福

爬泸山从始至终都会有一种静谧之感，让人不自觉地感到心底安静通透。因为光福寺就位于西昌东南的泸山上，是泸山最大的建筑群，人称"泸山第一殿"。

光福寺创建于唐贞观十五年（公元641年），原名"飞梁寺"。明成化年间（公元1465-1487年）由宪宗朱见深敕封才现名。整座

寺庙建筑古朴精美，规模宏大。主要建筑有飞梁寺、千佛殿、文武宫、大雄宝殿、望海楼等。寺内保存有技艺精湛的木、石雕刻艺术品，珍藏着历代漫游泸山题咏诗歌赋的名流佳作，供奉有明代的铜、铁铸塑佛像，以及数千斤重的清代大青铜吊钟和塔式香炉等珍贵文物，保存有百余道国内罕见的地震碑林，记有西昌、冕宁、甘洛、宁南等地历史上发生地震的资料。

寺中的望海楼也名"观炬楼"，因明代名人杨慎曾在此观景赋诗而得名。当年杨慎路经此地去云南宝山，在观海楼上观赏泸山、邛海美丽如画的夜景和彝族火把节盛况，并即兴赋诗，留下了"老夫今夜宿泸山，惊破天门夜未关；谁把太空敲粉碎，满天星斗落人间"的佳句。寺前有唐、宋时代的千年古柏，柏高数丈，上入苍穹，根柯如铁，主干径围8.9米，树形虬曲，奇特异群。

很多人坚持每周爬泸山，不仅锻炼身体，还可以修身养性。

观海湾

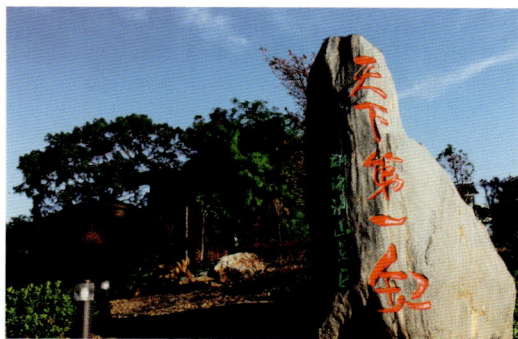

海南乡是邛海—泸山景区的核心区域之一，景区有1/3的地段位于海南乡境内。特色小镇观海湾就坐落在海南乡缸窑村，是传说中邛海黄龙栖息之地，自古西昌"龙脉"之所在。

观海湾特色小镇建筑多以当地民居风格的小青瓦四合院为主，兼有川西南民居特点。房屋建筑与自然环境协调统一，充分体现以人为本、生态、和谐、环保的原则。小镇因山就势，错落有致，是邛海绝佳观海地点之一。

在这里可以观赏以"龙"为母缸，"福、禄、寿、喜、财"为子缸的"天下第一缸"文化景观，体验"放万千杂念，生天地自在"的放生文化；可以站在开阔的观海平台，以最佳视角昼观海景品茶、夜赏明月饮酒；可漫步海难，做客农家，品尝可口的山野珍

肴、淡水海鲜、特色烧烤；可居住在山庄宅院，充分享受阳光、森林空气、民居人文和邛海美景。

灵鹰寺

如果去逛邛海周边核桃村一带，建议大家徒步或骑自行车。安静的街道两旁正是金黄的麦田，偶有农民在田里劳作，水牛卧在一旁乘凉，景色是真正的田园风光。

青龙寺

青龙寺始建于明代万历四十五年（公元1617年），是邛海最富有传奇色彩的地方。青龙寺下面海的深度为邛海最深的地方，达50米左右，既然是最深的地方，这里的水也最为明澈干净，散发着某种不可捉摸的神秘气息，有传说此处与地底暗河相通，有好事者将羽毛做了记号的鸭子从螺髻山的暗河放入，后在邛海此处的边上找到了这只鸭子。

这里还盛传着一个民间故事：东海龙王四太子小青龙每见古邛都逢干旱时节，常显圣降雨抗旱，老百姓为纪念他，于此修建青龙寺，祭祀供养他的圣像。

不仅有传奇，这里也是邛海周边高处看海的极佳所在，放眼望去，视野开阔，一览无余。尤其是在夕阳西下之时，在这里观海，整个海面与天空都被余晖渲染成醉心的霞红，优美壮观。在这里，夏季的雨中看海，还能见海水层次分明的红色、黑色、绿色等多彩的颜色，很美。

青龙寺向北往下的最低处，有一个近9万平方米的旅游休闲区，由青河沙滩浴场、小青河野趣露营区、临海小景点、登山步道、风雨廊等功能区组成。在此，可于河边漫步，可于沙滩徜徉，也可于水中嬉戏，怀想青龙的神奇，再倾听青龙寺隐约传来的钟磬之声，是放松身心，品味邛海恬静、雅趣的好地方。

新沙滩

新沙滩是一处集农家休闲，生态娱乐活动和自然休憩为一体的景点。位于邛海北岸，与泸山对景，三面环水，形成一梯形滩头台地，故名新沙滩。分为入口区、草地休闲活动区、缀花草坪游憩区、农家乐休闲区、休闲烧烤区、滨水景观区和浅滩湿地区。除原有农家乐外，还将新建自然游憩中心、马术俱乐部、草地运动等。

钓鱼、骑车、徒步

围绕着邛海，其实有很多乐子可找，钓鱼、骑单车、徒步、慢跑……不仅有氧健身，还饱览湖光山色，西昌人很少去健身房，放着邛海这么大的"健身中心"，不利用那绝对是说不过去的。

这一刻悠然生活的实质，在于绝美的风景和平和的心境

这也是西昌这座城市带给我们的最大诱惑

04

狂欢盛宴

火把节狂欢贴士

时间：每年的农历六月二十四

方式：点起火把，跳舞，狂欢

提示：当天下午起采取交通限行和戒严措施，要提前做好准备

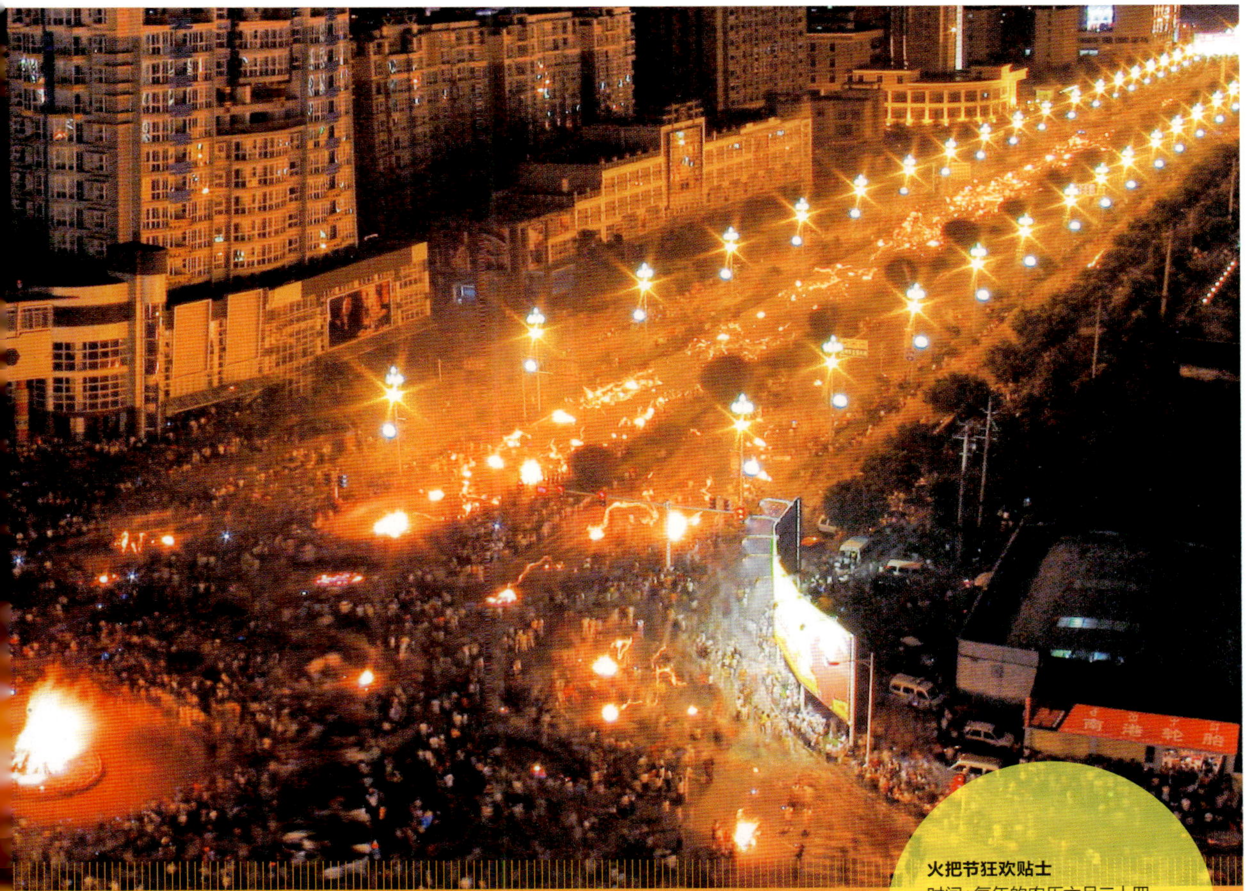

巴西有世界上最大的狂欢节，疯狂的表演塞满了大街小巷，夸张的花车，热辣的艳舞，舞台与激情无所不在。龙卷风般的狂热让你在一瞬间忘记自我，大白天就进入了一个全民皆疯的“极乐童话世界”。

而在中国，能将火热与激情一起燃烧的节日，恐怕只有火把节一个，与里约热内卢稍微不同的是，火把节狂欢的高潮，是在火光和夜色的“掩护”下，高调来临。

中国式狂欢

快乐总是不约而同，西昌与里约热内卢相隔万里，两地的风情文化更是风马牛不相及，但对于狂欢，大家都是选择了三天，而且精华都在夜晚，惟一不同的是，火把节顾名思义以火为热，里约热内卢则靠肆无忌惮的花车和艳舞。

其实追根溯源，彝族火把节已有千年历史，但巴西的狂欢节只是个从19世纪中叶起步的"小弟弟"。1852年，葡萄牙人阿泽维多指挥的乐队走上了街头。随着节奏明快的乐曲，黑人白人穷人富人、男女老少都跳将起来，整个城市一片欢腾，这才标志着狂欢节成了大众的节日。如果说巴西的狂欢节是人们丰富娱乐生活的手段，那么火把节的狂欢还多了一份对历史和神明的祭奠。

虽然狂热的结果异曲同工，但形式与内容仍旧不同。相对于中国的温文尔雅，巴西狂欢节征服世界，靠的是改装后的比基尼，身材火爆的桑巴舞表演者经过层层挑选，成为狂欢节的代言人。与巴西"人造狂欢"不同的是，中国的火把节更多地依靠自然的力量。

延续了近千年的彝族选美，讲究的是"自然美"，冠军不像巴西提前指定的女皇，恰恰相反，很多选美冠军是在毫不知情的情况下被推上了领奖台。而且在道具的选择上，巴西人喜欢用夸张的花车，奇特的易装表演，男人女人真假难辨，大人小孩儿奇装异服等搞怪行为来博得喝彩。而火把节，只有一个天然的道具——火把。

火，源于自然，推动着人类的发展，是人类的恩人和朋友，与这样的伙伴狂欢，是人类最单纯的愿望。天然和淳朴，才是火把节的元素，当你看够了巴西的"人造狂欢"，来看看火把节的自然的没有太多人为因素的另一种狂欢，绝对是别有一番滋味涌上心头。

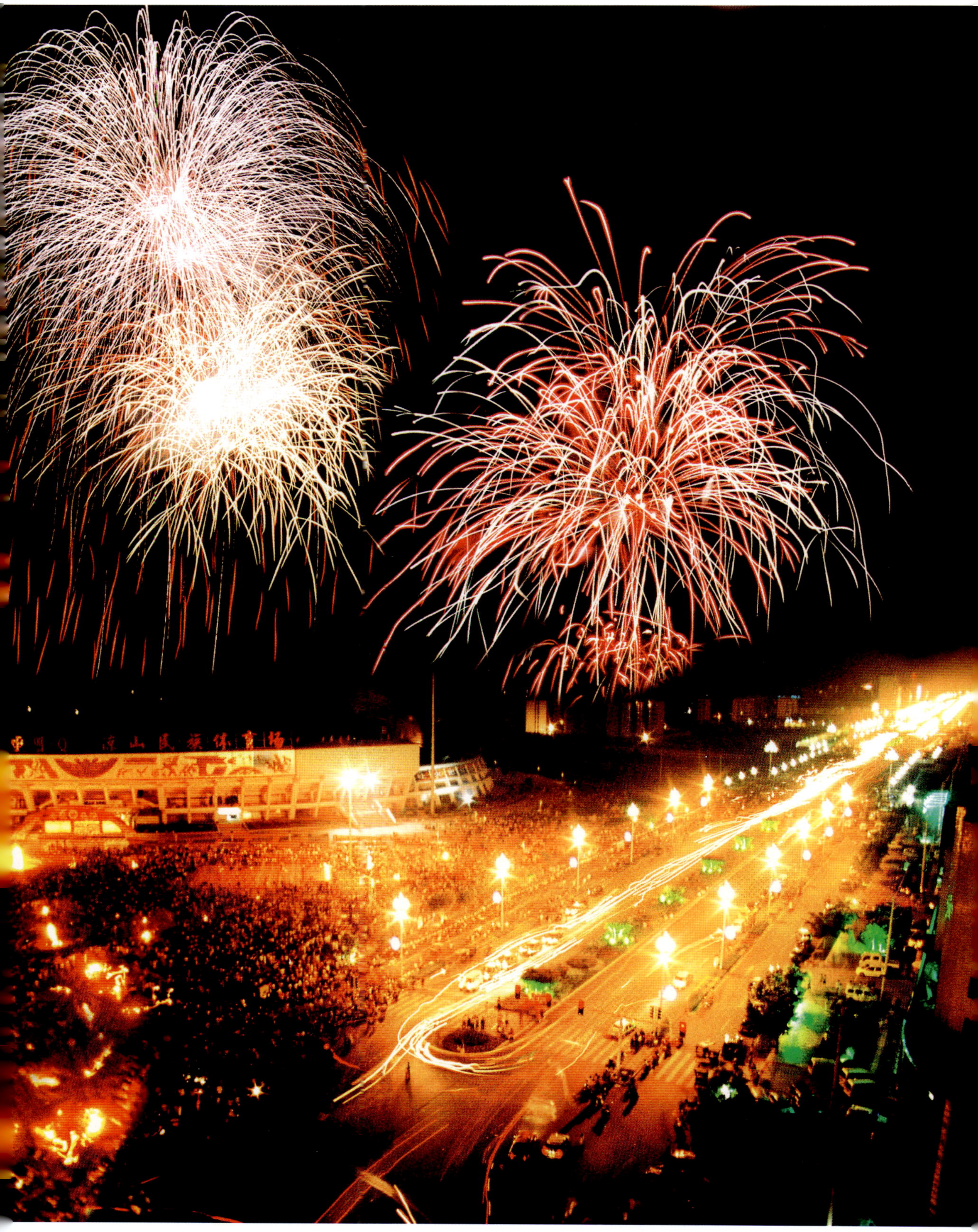
凉山民族体育场

Let's Fall In Love Tonight By Accident

夜晚
邂逅"艳遇"

火把节的现场，除了尽情狂欢之外，还有另一个重要的意义，那就是男欢女爱的激情与暧昧。火把节对于彝家的年轻人来说，本身就是一个爱情的盛会。其中的摔跤比赛就是一场充满男性荷尔蒙的力量展示，而"背新娘"则是伴随着火把燃烧的激情高潮。现在随着彝家人观念的转变，游客的热情参与，一场场火热的"艳遇"也让这个节日变得丰富起来。

跟其他地方的艳遇不同，大凉山朴素的气息，彝家人的直率和坦诚让这个城市充满着浪漫纯净的味道。于是，火把节的西昌，成了最容易产生爱情的地方。

"艳遇"
高发地

邛海

艳遇指数：★★★★☆
浪漫系数：★★★★★
消费系数：70%
成功系数：80%
特别推荐：湖边烧烤，特色小吃醉虾。

邛海有不少发呆的抒情者，稍加留意，就发现人在画中游，心在水里漂。赶紧发出邀请吧，一起坐上环湖游览车，找个心仪的地点下车，互相牵着手，一起漫步，都不需要太多的言语，感情自然荡漾开来。

泸沽湖

艳遇指数：★★★★★
浪漫 系数：★★★★★
消费系数：80%
成功系数：90%
特别推荐：体验走婚文化，欣赏摩梭舞蹈。

最后的母系社会形态范本。这里有自由生活的动物，婉转歌唱的鸟儿，静静的放牧人。走进泸沽湖，也就走进了一个神秘的世界，被海水般湛蓝的湖水包围着，试着敞开自己的情怀，这里是人类文明的乌托邦，是你梦中的香格里拉。就算在湖边发呆，"艳遇"都有可能找上门来。

螺髻山

艳遇指数：★★★☆☆
浪漫系数：★★★☆☆
消费系数：60%
成功系数：70%
特别推荐：赏杜鹃花，拍摄美景。

来螺髻山最好带上相机，用摄影师的话来说，这里闭着眼睛随便按快门，拍出来都是绝色佳作。在这样诗意盎然的景色里陶醉，也算一种至高的境界了。

与火共舞

舞蹈是快乐的天使，无论是巴西的桑巴舞，还是火把节的"都荷舞"，一起扭动身姿，甩出脚步，一起疯吧！火把节，要的就是放纵！当一个个火把聚成熊熊的火焰，火光烘托体内的热情，把久违的激情爆发出来，忘掉自己，忘记你是一个人，跟着火焰一起疯，一起跳舞吧！

TIPS

都荷舞VS达体舞

"都荷"的舞蹈步法简单，其舞步为两拍，先左脚向右前方迈一大步为重拍，同时上身微向前倾；弱拍右脚向旁边迈一步，同时上身正直，微后仰，队形主要以火焰为圆心，循环往复。由于过程中并不追求步伐上和形式上的复杂与技巧变化，在简单的节奏中传唱丰富的歌词，声情并茂，从而让人百跳不厌，乐此不疲。

"达体"是凉山彝族民间一种古老的舞蹈。一般是男女排成一行或排成两行，以踏脚为主，两手叉腰，原地踏，然后向前走三步向后退三步。近年来，达体舞闯进了火把节的欢乐舞台，给古老的节日注入了新的活力。

Where Can We Find the Real Fun
火热寻欢处

布拖火把文化之乡

热情(火把)指数：★★★★☆　　舒适度：★★★★★

布拖县，素有"彝族火把文化之乡"的美称，火把节主要以民间自发、原始古朴、神秘独特的过节方式为主。其中，以毕摩祈祷、取圣火、点火全过程及毕摩、苏尼特技表演为主要内容，突出"三把火"的传说。民俗方面，多情的朵洛荷以打黄伞、戴方巾、三角荷包，唱原生态的朵洛荷歌谣为主，突出布拖各区域间特色的彝族阿都服饰和风情。最高潮的还是火把狂欢及篝火晚会。全县人民从不同方向点燃火把绕山游，汇集于火把广场点燃篝火，拉入宾客跳起达体舞，共度狂欢夜。

普格火把节发源地

热情(火把)指数：★★★★★　　舒适度：★★★★☆

普格县是彝族聚居县，也是彝族火把节的发祥地。位于四川西南、凉山州东南部。普格火文化在全省彝区最原始、最古朴。选美、朵洛荷、斗牛、摔跤、赛马、爬杆、达体舞、火把游山等活动异彩纷呈。彝族年、彝家婚俗、石刻岩画、毕摩文化等构成了普格独特风情的，令人神往。

西昌"享乐"火把节

热情(火把)指数：★★★★☆　　舒适度：★★★★★

虽然每年火把节在西昌市区只是设立分会场，但便捷的交通，以及个性的火把广场和民族风情园宽阔的场地，都为人们尽情狂欢提供了完美的场地。火把广场甚至还有艳丽的烟花表演，周边小吃琳琅满目，可以一边欣赏火把节的热闹景象，一边也给胃口来一场饕餮狂欢。甚至在西昌的大街上，也都布满了火把，跳舞的人们在家门口尽情狂欢，热闹非凡。游客来到这里，也情不自禁地陶醉其中，甚至一醉方休。

彝族少女 花开无声

人物: 伍支

职业: 幼儿园教师

选美时间: 2001年

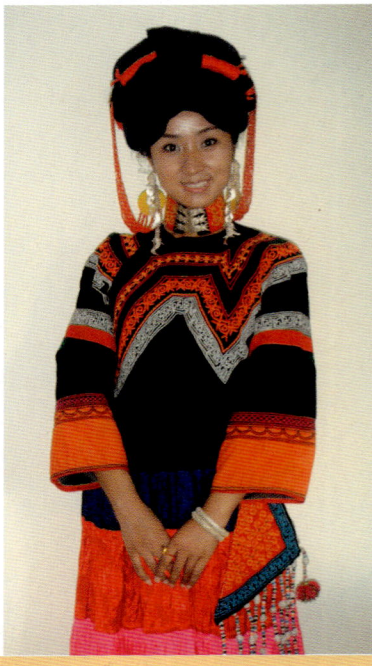

我的家乡在号称彝族服饰之乡的昭觉县。按我们那里规矩，姑娘长到十五六岁，就要将红白相间的童裙换成中间为红蓝两色的少女长裙，将独辫盘绕在绣花头帕上，同时取掉穿耳环的蔑梗，戴上长银耳环和玛瑙坠子，之后便可以参加美女竞选和谈情说爱了。实际上，选美有点像彝族妹子的"成人礼"吧，只要你愿意，都可以参加，几乎没有什么限制。

每当火把节将来临的时候，彝家的姑娘是最忙碌的。每个人都想把自己打扮得漂漂亮亮的，对美丽的向往是每个少女的天性。更重要的是这次选美，其实也是播种爱情的季节，少女们也还是希望通过这样的活动能够遇上自己心目中的"英雄"。

虽然那时候我心里对恋爱的概念还不是很模糊，但已经明显感觉到了大人们的心思。那就是希望在这里让自己的孩子能找到"如意郎君"。但是对于16岁的我来说，在这样的场合袒露自己的情感，还是很害羞。

彝家火把节上的选美要求是十分严格的，评委都是山寨里德高望重的老人。他们穿梭在唱歌的姑娘们中间，按照彝族特有的审美眼光，严格地审视每个到场的彝家姑娘，观察她们的体态容貌、衣着打扮，还有神态举止。有些地方还要了解姑娘们日常的生活习惯，要符合彝家人的含蓄、勤劳等美德。最后经过严格的挑选，选出大家公认的美女。火把节的美女几乎是彝族小伙子心目中的偶像，我们在台上的一举一动，都会引来无数羡慕的目光。

要说起选美对于我们的影响，我觉得首先是一种被关注的感觉，虽然只有短短的时间，但是在以后的日子里，还是会下意识地注意自己的形象，我觉得这一点对我来说，是个收获。至于那些拿了冠军的选手，好处就更多了。比如提亲的人会挤破门槛啊，会有很多采访报道，甚至对升学就业都会产生好的帮助。

总之，我觉得能够参加选美，对我来说，是一件幸运的事情。我也希望越来越多的彝族妹子能够通过选美找到自己的自信和爱情。

TIPS

彝族选美链接

时间：农历六月二十五（火把节第二天）

地点：火把节主会场

评选标准：品德、仪表、才艺

民间游戏乐翻天

不要以为火把节只是单调的夜间狂欢，彝家人利用生活中最原始的生产工具呈现出精彩的民俗游戏，这也是火把节的重头戏。

斗牛

这是节日的第一大赛事。斗牛方法是胜者斗胜者，败者被淘汰。有的公牛不愿进场子，人们便会牵进一头正值发情期的母牛引诱，于是两头将要对阵的公牛就会因"争风吃醋"而引起搏斗。大的斗牛赛里的斗牛多达几百头，可以斗几天，让你大饱眼福。

斗羊

火把节上的斗羊是最抢眼的游戏。所有的羊都高大、健壮，最好玩的是这些羊的前半身都被剪去了羊毛，后半身和尾巴则还留着。长长的卷曲的毛发在羊的跑动中很像是在跳草裙舞，让人大笑不止。

赛马

火把节的赛马独具特色。赛马方法是在草坪上修一个圆圆的大跑圈，让参赛的骑手翻上各自的马背，同时策马直追，最后以追上对手者为胜。最后赢得赛马比赛的第一名多为十一二岁的孩子，实在是出人意料，真可谓自古英雄出少年。

摔跤

火把节的摔跤手只限于男性，且不同方言区的摔跤方法也有所不同，有的地方以被对手摔倒在地者为败，有的地方则以肩背首先触地者为胜，获胜者能得到一只羊作为奖励。

Delicacies
Festival
味觉狂欢
彝族美食节

"火把节是眼睛的节日，彝族年是嘴巴的节日"。所以西昌的美食节也是不可错过的经典旅游体验。彝族菜、回族菜、藏族菜，以及渔家菜、农家菜，都会在风情美食节上纷纷亮相，不仅能让吃嘴们过足嘴瘾，也能让各地来的游客尽情享受到大凉山彝族的迷人风情。

为了让彝家人和游客一起过好彝族年这个"嘴巴上的节日"，西昌接连举办了两届彝族美食节，在美食节期间，通常有丰富的美食活动轮番上场。

长寿宴VS平安宴

在光福寺佛心园举行的百人长寿宴免费就餐启动仪式上，凡年满65周岁的老人，凭有效证件，均可报名参加，而青龙寺千人平安宴免费就餐启动仪式上，参加者还可以获得免费赠送的牛奶以及牛奶套餐代金券。在美食节期间，凡在光福寺、青龙寺就餐者均可享受九折优惠，并享受赠送的特色菜品。

敬香VS击钟

光福寺和青龙寺分别举行元旦和大年初一敬幸运吉祥平安香和敲击平安钟的抽签排号活动。每天将抽出元旦和大年初一幸运香. 抽出元旦、大年初一幸运吉祥平安钟。所抽号数在元旦、大年初一子时敬香、击钟。

不可错过的彝族美食

辣子鸡汤

辣子鸡汤是彝族待客的一道传统美菜。把鸡宰杀后，连毛带爪烧尽，肉烧熟，然后放进石臼内捣碎，拌上浓浓的盐、辣椒、木姜子、花椒等作料，再掺上优质的矿泉水。鸡汤麻、辣、凉俱全，鲜美可口，馨香凉爽。

连渣菜

连渣菜是一道很有彝族特色的风味汤菜。将黄豆用石磨磨成浆，放菜叶，点酸水制作而成，可吃原汁原味，不放任何佐料，也可用湖海椒面等作料做蘸水浇在连渣菜上面吃。

彝族冻肉

彝族冻肉是彝族过年时给长辈拜年的最佳礼物。冻肉是猪脚做的，其味麻辣、凉爽，肥而不腻。冻肉做法比较讲究，味美可口。凝固的汤将肉紧紧地裹住就成了色、香、味、美俱全的冻肉。

快乐
以分钟计

[REAL HAPPY]

快乐这个东西，是个很泛泛的概念。大部分的时候，是不能被解构的。这就好比说幸福，是不能被分析的，一旦分析了，就是不解风情。

可是，在西昌，是个例外。

这是一个很坦白的城市，所有的感觉都具有现实主义的情调，它的太阳很直接，它的美丽很直接，它的人很直接，它的快乐，也必然很直接。时间是个很好的度量器，它告诉我们，原来快乐，还可以按分钟计算。

现在我们就以西昌市区为圆心，以时间为半径，规划出西昌的快乐生活圈！

30' 快乐唾手可得

泸山风景区 闹市中的一峰凸起

位置：西昌市海滨中路
距离：公交车20分钟，开车15分钟
可乘坐泸山景区专线202路，9:00~17:00

西昌城南5公里，邛海之滨，青山屹立，便是泸山。

坐公交车在邛海宾馆站下，紧挨着的便是泸山的入口。山门带着古朴而不失精致的风格。有公路盘绕而上，到了光福寺旁边，便是上山的路。

山路都是石阶，在清幽的林中蜿蜒而上。西昌四季明亮的阳光穿透树冠，将石径映照得斑驳动人，清风在松林里穿行，发出沙沙的声响，鸟儿歌唱，俏猴活跃。拾阶而上，心情便如这山一样，清净，闲适。古人曾用"松风水月"来描绘泸山邛海的风光，把泸山的松、安宁河的风、邛海的水、西昌的月融合一体，皆是清幽之境。

西昌人热爱泸山，就像他们热爱自己的生活，他们选择登山的方式来放松心情，锻炼身体。海拔2317米的泸山，与邛海水面相对高差约800米，从山脚登上山顶约8公里，不算高，但要登上去，也得一两个小时，正待你走得脚步吃力，回望山下，已经居高望远，心情开阔，再加把劲，就是山顶，于是继续前行。登到山顶，目的不是挑战极限，不是一览群山，你只是看看，邛海像一面镜子一样镶在山脚，酥软的腿脚让你感受到成功的喜悦，看看远山，还有更高，不过你已经满足尽兴。

来西昌旅游的外地人大概难以尽兴登上山顶，他们或许就在山腰看看猴群嬉戏玩闹，虔诚参拜光福寺的佛门净地。在奴隶社会博物馆感叹历史原来如此，在光福寺中惊叹"巴蜀树王"之一的九龙汉柏形态奇特，世上绝无仅有。当然，泸山的山峦奇秀，山下的碧波浩荡，头顶的空远蓝天，一样会让他们流连忘返。

人文，汇纳九流。"佛道儒三教铸就泸山千年音，天地人九流汇成邛海万顷波。"近光福寺的小径旁，素朴的揽月亭有书。

在泸山，除了感受"松风水月"，还有人文历史。

顺山道而上，光福寺、蒙段祠、三教庵、祖师殿、观音阁、王母殿、玉皇殿、青羊宫、五祖庵等10多座古刹，因地就势，各据幽境。素有"观音阁曲折迂回，瑶池宫高敞向阳，玉皇殿势险雄伟，五祖庵僻静幽深"之谓。在这座钟灵的山中，佛教、道教、儒教共建庙宇于山中一条道上，体现了唐代武后"三教合一"的宗教懿旨。峨眉皆佛，青城纯道，惟西昌泸山别有特征，佛、道、儒三教齐集。

在光福寺内，还能看到泸山独特的景观——西昌地震碑林。西昌地震碑林与陕西西安碑林、山东曲阜孔庙碑林和台湾高雄南门碑林并称中国四大碑林。西昌地处安宁河、则木河断裂带，历史上曾多次发生地震。西昌地震碑林收集的石刻集中反映了西昌历史上明嘉靖十五年（公元1536年）农历二月二十八，清雍正十年（公元1732年）农历正月初三和道光三十年（公元1850年）农历八月初七三次大地震的史实。地震碑林详细地记载了三次大地震发震的具体时间，根据地震碑出土地点的分布情况，还可以观察到三次地震的受灾范围，推测出地震的震中，是后人研究历史地震的宝贵原始资料。

离山脚1.3公里的盘山公路旁边，坐落着全国独一无二的彝族奴隶社会博物馆，其建筑风格和历史内涵独具。博物馆中馆藏文物众多，在这里，可以触摸到遥远的奴隶社会的历史、政治、经济、文化。而事实上，凉山彝族自治州于1956年实现民族改革，一步跨千年，才由奴隶社会直接过渡到社会主义社会。

沿光福寺前的公路继续前行，3.2公里外还有一座神秘的卧云山庄。这里曾是蒋介石的行辕，蒋氏父子曾先后两次入住这里，已成为在中国现代历史中，标注着历史变迁的注脚。

这就是泸山，"山不在高，有仙则名"，一座集自然景观和人文历史于一体的青山，崴嵬而立在邛海水边，共同构建一座西部城市的独特内容。

30分钟乐游处

旅游景区	位置	路程	特色	TIPS
氡泉	西昌市高枧矿泉大道（州林科所侧），距离市区4公里	15分钟左右	温泉、矿泉、氡泉三泉鼎立，具有保健和医疗功能，距市区非常近，西昌人下了班就过来泡。	咨询电话：0834-3780800
川兴温泉	西昌市川兴镇	20分钟左右	价格便宜，属于大众消费层，10块钱就可以泡温泉。	咨询电话：0834-3782030
礼州古镇	从西昌沿108国道往北，行至23公里，就到了古镇礼州	30分钟左右	文昌宫、西禅寺、礼州会议遗址，体验古镇风情。	西昌大巷口彝海结盟塑像处坐车，开往礼州，票价3元
安哈彝寨	西昌市安哈镇	30分钟左右	安哈镇是西昌市唯一的彝族建制镇，并形成了集健身探险游、生态游、民俗风情游为一体的体验式旅游。	可观民俗表演，住彝族民居
安宁河漂流	德昌县	30分钟（高速）	水质清澈，河床迂回曲折，沙洲水鸟，生趣盎然，两岸林木葱茏，一派田园风光，是漂流旅游的最佳河段。	南桥汽车站乘德昌客运前往，8分钟一班

60' 快乐
刚刚好

螺髻山 大气之美

位置：西昌市城南30公里螺髻山镇
路程：45分钟左右
交通：西昌市汽车客运总站始发至螺髻
山的长途车，每天7:00~17:20
门票：风景区52元/人，螺髻山索道往返
140元/人

螺髻山千峰叠翠，山势雄奇，胜境遍布，是得天独厚的自然风景区。古籍中称螺髻山有72峰，36个天池，18项胜景，25坪，12佛洞，共108景。据1989年卫星遥感资料反映，其景观、景点数远不止于此，且其山脊高出4000米的山峰就有58座，迂回缭绕于高山雾海之中，忽隐忽现，如苍龙遨游九天，其峰群之集中，规模之宏大，造型之奇异和离城市之近尚属罕见。

螺髻山有四绝：其一，彝人们称之为"蜀莫阿洛"的黑龙潭、"蜀莫阿史"的黄龙潭、"蜀莫阿里"的五彩湖。

其二，雄奇壮观的冰川角峰。古籍中所称的"七十二峰"实际上是在海拔4000多米高的主峰山脊上排列成长龙般和高大的山峰群，其山脊高出4000多米的山峰有58座，主峰是一个典型的金字塔形角峰，即著名的骆驼峰、蓓蕾峰。

其三，杜鹃花海。整个螺髻山上几十种不同颜色的杜鹃花争奇斗艳。在这数十种杜鹃花之中最为珍贵的是乳黄色杜鹃。杜鹃花彝语称索玛花，是凉山彝族的迎宾之花。

其四，世界上最大最深的古冰川刻槽。它是由古冰川带夹坚硬的岩块，以强大的力量刻碾冰川底部两侧岩石，天长日久便形成宽而深的岩石刻槽。

90' 快乐
正在延伸

大漕河温泉 完美纯天然

位置：西昌普格县城西北部荞窝镇
路程：50分钟左右，从入口到瀑布下还
需步行20分钟左右
交通：西昌汽车客运总站到巧家的长途
车，每天6：00至13：15
门票：30元

温泉瀑布在西昌并不少见，但有"温度"的瀑布温泉却让大漕河温泉名声大震，成为到西昌不可错过的景点。从西昌出发，大约50分钟的车程就能到达大漕河瀑布的入山口。从这里徒步或者开车上去，沿途的开山道像是在山腰上划了一道深深的口子，在路的左边是深深的峡谷，流淌着涓涓细流，一派山清水秀的景致。

行走在郁郁葱葱的山林中，眼前突然呈现出一个现代化的游泳池，在这山野之中清澈的池水让人备感亲切，这里有大漕河瀑布温泉的休息区，可以在泡温泉之前在这里抢先畅享一下在青山绿水中游泳的乐趣。酒足饭饱之后，再步行十几分钟，就能听见大漕河瀑布汹涌咆哮的水声，抬头远望只见前面的山上，有一条高10余米、宽5米、水白溅珠的瀑布悬挂于前，这就是大漕河瀑布温泉。泉水分三层台面直泻而下，夏天的时候，水在阳光的映射下，会形成彩虹一样的光芒，甚为壮观。而到了冬天，由于水温的缘故，半山腰里会腾起袅袅薄雾，如临仙境一般。

最有趣的是在第二层平台喷口前面，有一个天然形成的长方形大池，长约10米，宽1.7米，可同时容纳20余人沐浴。温泉从喷口坠入崖腔之中，蒸气四溢，美丽多情的姑娘最喜欢攀崖爬壁来池中戏浴，人称"仙女池"。池下有一凹形浅穴，温泉从仙女池泻下恰似银帘挂洞口，故又称"水帘洞"，入洞沐浴，另有一番情趣，这在川南胜景中是独家一绝。

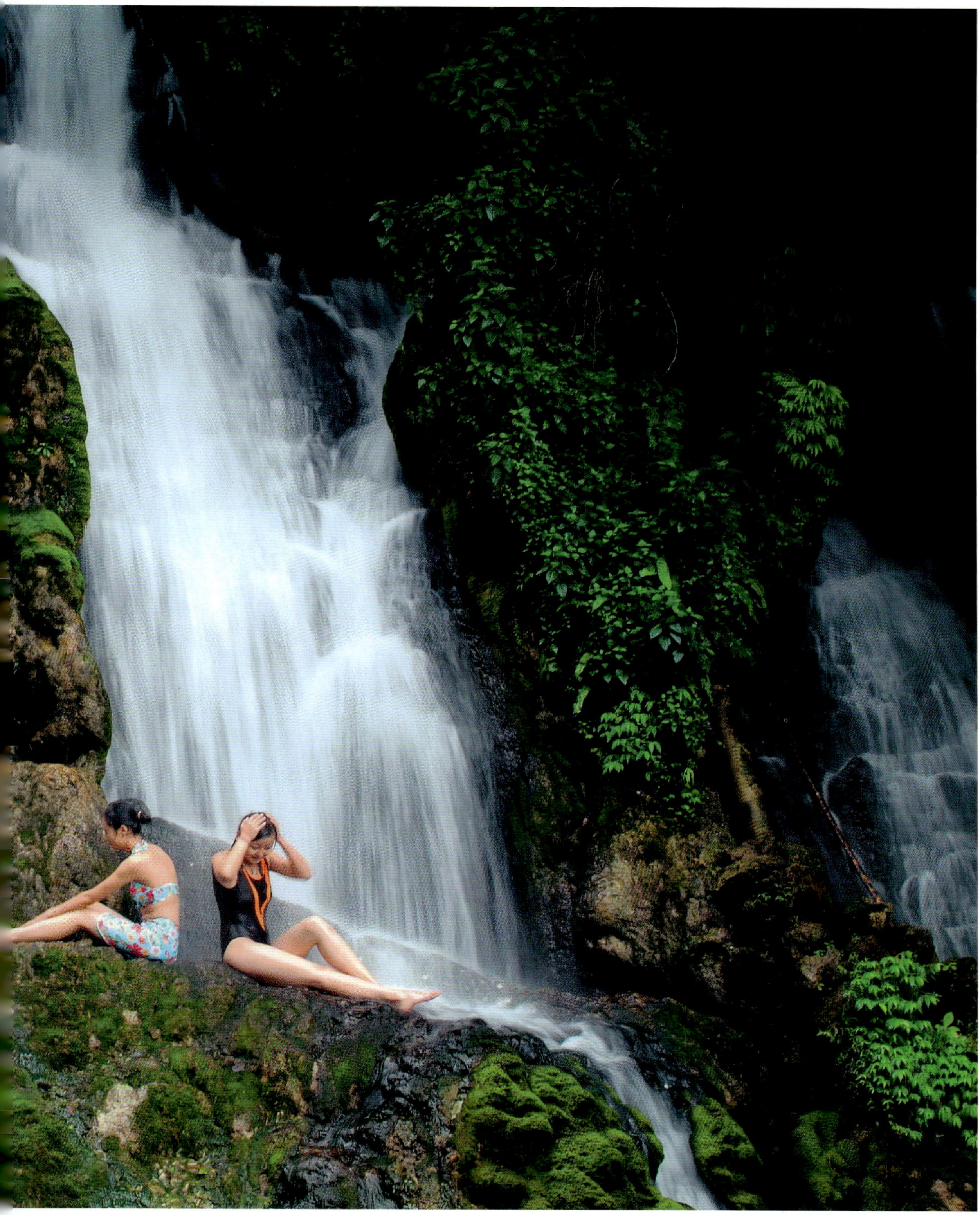

欢畅！这一场天然温泉的尊享

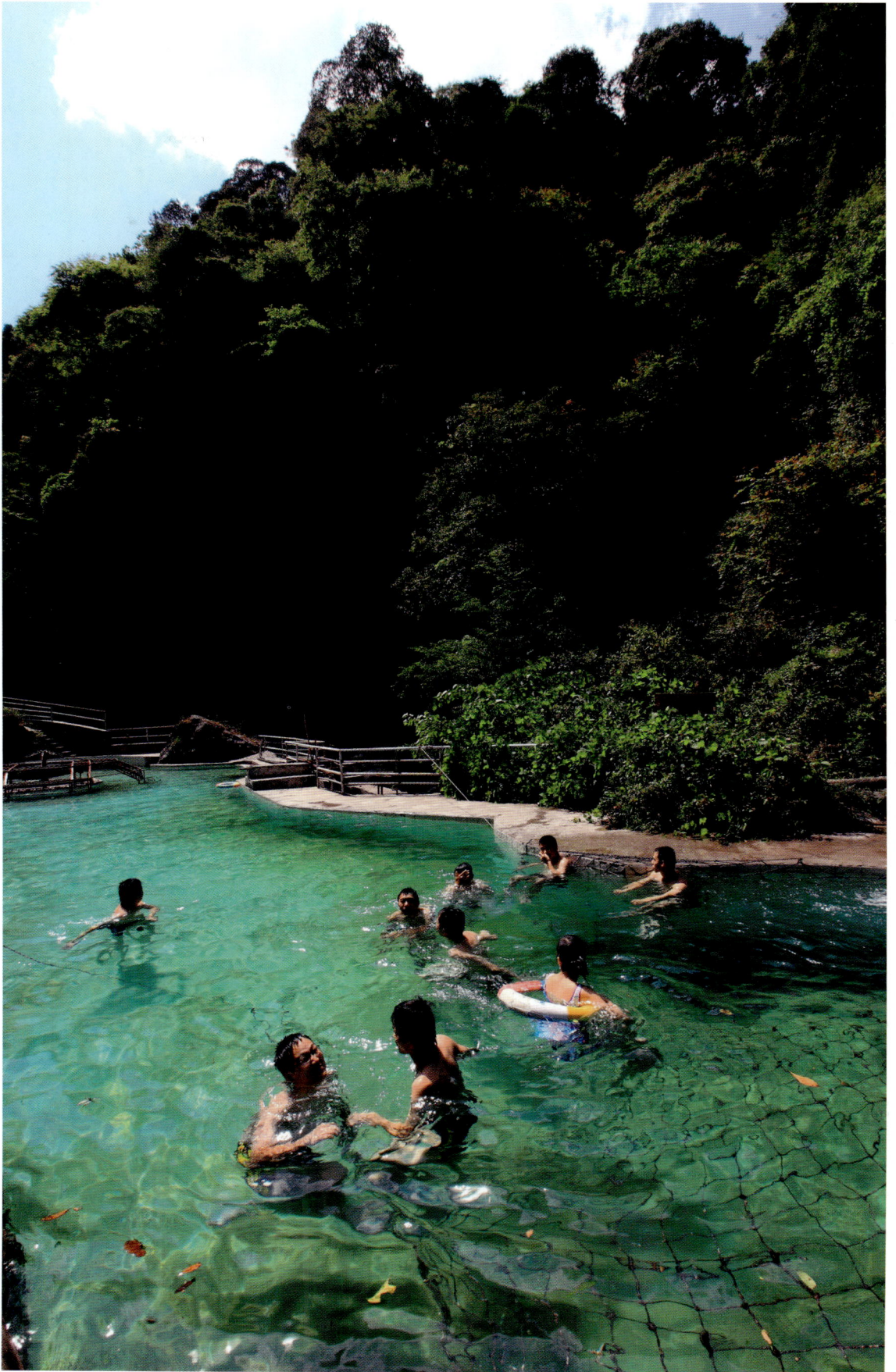

60~90分钟乐游处

旅游景区		位置	路程	景点特色	TIPS
黄联土林		西昌市黄联关镇，距城区30余公里	60分钟左右	高低错落，沟谷纵横，洞穴不少。穿行其间既神秘惊险，又引人入胜，妙趣横生。质地系黄色沙砾岩。大自然的神工鬼斧，精雕细刻成千姿百态的艺术奇珍。	咨询电话：0834-3780800
仙人洞		西昌市城南30公里处的西溪乡	60分钟左右	一处长达10公里以上，规模浩大的岩浆溶洞，形成年代约在亿年前，岩溶形态发育比较齐全。	咨询电话：0834-3782030
卫星基地		卫星中心总部位于西昌市西北约60公里处的秀山丽水间	50分钟左右	神秘的高科技重地，其中发射塔架、火箭实体、科技公园、航天展馆、奔月楼对外开放，游客可以进入参观。	接待处电话：0834-3231057
博石瓦黑石刻		距西昌市区60公里	60分钟左右	博石瓦黑在彝语中的意思为刻有画像的岩穴。岩画隐藏在松林之中，有众多佛教神像。	好古乡东汉石表是罕有的较完整的石表、博石瓦黑石刻价值连城
普格温泉		位于普格县城北郊	90分钟左右	水从地壳深处沿南北走向逆断层涌出，水温42~44℃，含有铁、盐、氟、铜、氢等多种对人体有益的微量元素，泉水无色、无味、无毒、透明，据专家考证，泉水有治疗皮肤病、风湿病、神经衰弱等多种疾病的功效。	咨询电话0834-4772818
七里坝风景区		昭觉县七里坝	60分钟左右	昭觉是全国最大的彝族聚居县，彝族人民古朴神秘、多姿多彩的民情风俗与人文景观在这里汇聚、展现。	气候是冬暖夏凉，是夏季休闲避暑的好地方

120'快乐
值得期待

喜德温泉 星级享受

位置：位于凉山州喜德县拉克乡，距西昌70公里，喜德县城3.5公里。
路程：90分钟左右
电话：0834-7449555，7449666
交通：开往喜德的直达巴士，西昌发车8：30~15：40
开往西昌的直达巴士，喜德发车6：15~12：40

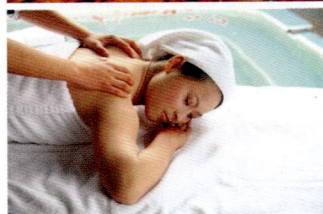

喜德温泉最大的特色就在于，在这里，不仅可以享受温泉的舒适，还可以享用到美味至极的烤乳猪、烤全羊、烤鸡等特色烧烤。别具一格的小木屋，木制桌椅，很有点西式感觉，整只的烤乳猪端上桌，外焦里嫩，喷香扑鼻。开一瓶上好的红酒，趁着夜色，赶快享用这难得的美味吧。因为接下来，还有更精彩的节目等着你。

喜德温泉有一个圆形的广场，每到傍晚的时候，这里就有篝火表演，场子中间生起熊熊篝火，漂亮的彝族服务生穿戴美丽的民族服装与你拉起手，跳起欢快的彝族舞蹈。

酒店现在的别墅区总面积已经超过1000平方米，按地中海休闲风格建造，每幢设独立生态温泉池，别墅群围湖而建，不仅映现亭台楼阁，更可在沐浴温泉之后，品茗、品酒、漫卷读书、弈棋对赏，真正的惬意无限。

TIPS

烤乳猪需要提前至少4小时预定，每只大概在18斤左右，全额在600元上下，适合7~8人食用；
烤羊每斤38元，每只大概18~20斤左右；
烤鸡每只78元，每只大概4斤左右。

120分钟以上乐游处

旅游景区	冕宁彝海	灵山寺	会理古城
位置	冕宁县城以北40公里羊坪山上,距西昌117公里	冕宁县城以东17公里处的灵山景区	会理距西昌185公里
路程	120分钟左右	120分钟	150分钟左右
景点特色	因丰富的地下水补给多期发育而成。呈元宝形,终年碧波粼粼,清澈如镜,四周青松苍翠,树木众多,芳草盖地,各种山花争芳斗艳,湖面有野鸭成群结队,景观生机昂然。	灵山寺以显"灵验"著称,灵山深处还有隐藏了千万年闪耀着分呈异彩的红海、墨海、连山海、喷水岩瀑布等鲜为人知的景观。	龙肘山万亩杜鹃、国家皮划艇高原训练基地红旗水库、红军长征途中召开的中央政治局会理会议会址、皎平渡红军渡江遗址。
TIPS	面积1平方公里,规划保护面积30平方公里。	景区规划保护面积40平方公里,海拔2530米。	金沙砚、绿陶、兰花都值得收藏,会理石榴更值得一尝。

木里	布拖阿都风情	米易溶洞	攀枝花
从西昌到木里行程254公里	凉山州东部，距西昌114公里	位于米易县域北部的白马镇境内，距西昌市131公里	距离西昌230公里
300分钟左右	120分钟左右	120分钟左右	120分钟左右
素有"绿色宝库"、"天然动物园"、"黄金世界"之美称。境内名山较多，4000米以上的山峰就有95座；全县佛教圣地有三大寺及许多小经堂；还有天然秀美的高原湖泊。	布拖是彝族传统文化保存最完善的地方，是彝族火把节的发源地，是阿都文化的核心，服饰文化保留得最为完整，至今还流传着古老而纯朴的口弦艺术。	罕见岩溶景观，纷呈的瀑布群，迷人的裂谷山颠风光等构成独有的景观神韵，独具的民族宗教史迹、生态农业和浓厚的乡村情调。	荣县大佛、金雁湖、房湖公园、龙潭溶洞、富顺文庙、红格温泉、高石梯森林公园、观音岩石刻、庞统祠墓、苏铁林、米易望月楼。
县内最高海拔5958米，最低海拔1470米，相对高差大。	每年七月举办以彝族选美、斗牛、斗羊等为主要内容的彝族火把节。	出入口都在山上，且相对高差数百米。洞内通道宽敞，易于通行。	攀枝花是攀西地区唯一一个进入国家规划的交通枢纽的城市，交通优势无可比拟。

05

城市艺术

总有一些艺术氛围是独属于一个城市的，在城市里扎根，在城市里成长成熟。西昌是一个具有少数民族风情特色的城市，在这里，它的艺术氛围浓郁且多元化，既符合大众的审美口味，又独具风情魅力。

无论是带有艺术感的城市建筑，还是具有时尚感的月亮女儿选美，抑或是富有蓬勃朝气的运动理念，都是绝对的西昌风格，更是值得玩味一番的城市艺术效果。

[时尚与民族的
完美碰撞]

"大地建筑强调自然环境是主体,而建筑是构建环境的副体,它使存在的结构隐于无形,而让隐藏的秩序悄然显露。"

火把广场和凉山文化艺术中心如今已经成为西昌的城市地标,放眼望去,这组建筑伫立在西昌新城区一带,它的时尚特质与彰显的民族情结形成了无懈可击的完美碰撞,带给人们以视觉上的冲击和遐想。

艺术中心: 月牙形的平面围绕圆形火把广场逐渐展开,其形态与日月同辉的天文意境不谋而合。大剧场圆形的观众厅从艺术中心长长的花墙上撞击而出,显示来自天体的力量。

144

文化长廊：从低到高，从窄到宽，从暗到明，从封闭到开敞，这一变化被浓缩在廊内，赋予了公共长廊浓厚的戏剧色彩，而位于尽头的圆形大剧场是这一空间的高潮与焦点，镂空的花墙、红、黄、黑三种醒目的色彩和交叉的梁架，共同演绎着长廊浓郁的戏剧性。

大剧场: 彝族的歌舞热烈奔放,大舞台的规模和国家大剧院不相上下。观众厅采用圆形平面,装修全部采用木格栅。每当高朋满座,从木格栅背后漫射出的灯光就会映红整座剧场,好像彝族人家熊熊的火塘。

Advocat To The Nature Is True

崇尚自然 才是真美

—— 专访中国建筑设计研究院副院长 崔愷

崔愷极力地推行本土设计，他解释说，这是植根于地域文化沃土之中的一种建筑思考。作为成功的范本之一，西昌市的凉山民族文化艺术中心建筑群在各种学术期刊和他的著作中被反复地提起。山清水秀的自然环境里，丰富多彩的彝族文化是西昌这个城市的重要资源，文化中心和火把广场的建设便由此而生。

崔愷

北京人，天津大学建筑系毕业，硕士，中国建筑设计研究院副院长、总建筑师，国家工程设计大师，中国建筑学会副理事长。曾获得"法国文学与艺术骑士勋章"、"梁思成建筑奖"以及亚洲建协金奖。代表作：北京丰泽园饭店、拉萨火车站、首都博物馆，安阳殷墟博物馆等。

凉山民族文化艺术中心

设计：2005年
竣工：2007年
用地面积：138300平方米
建筑面积：25400平方米

Q：第一次去西昌的感觉如何？

A：我们第一次去西昌是2005年的深秋，那之前从来没有去过，也没有什么了解，但是当时我们设计的拉萨火车站正在建设当中，我考虑一边是藏族，一边是彝族，而且到一个少数民族聚居的地区做一个项目，是一个很值得期待的尝试。

当时北京已经有了寒意，而到了西昌却依然温暖如春。那是一个在大山水环境里的山水城市，有着浓郁的少数民族文化，气候很好，天空很蓝，让人觉得很舒服。

Q：对于彝族的文化都作了哪些探寻？

A：我们到了之后就被安排去参观了彝族的山寨，还观看了彝族的民族表演。彝族是一个很古老的民族，他们能歌善舞，有着特殊的民族服饰，有着特殊的宗教仪式，还有着很深厚的文化底蕴，比如文字、语言，都给我们留下了很深刻的印象，让我们了解到西昌这个城市不仅有很丰富的风景资源，还有很深邃的文化积淀。

Q：考察之后对建筑设计主题有了什么想法？

A：说实话，当感受了西昌的风情之后，尤其是体验了邛海周边的景色之后，我们都被这种美震撼了。这是一种纯粹的自然之美，完全源于和谐的大自然之中，没有丝毫的雕饰感。当然了，为了保证它的功能性也是为了提高这个地方的旅游价值，我们还是拿出了方案，就是现在人们看到的火把广场和文化艺术中心。通过这组建筑，我们力图从传统与现代、自然与人文、建筑与生活的关系中找到答案，探索地域文化，激发城市活力。

Q：这组建筑最终确定的设计理念是什么？

A：让艺术中心融入邛海的大山大水之中，呈现出永恒的主题。天文、天象作为重要的主题和线索，贯穿整个设计，创造出文化公园与艺术中心的神圣感，彰显出先人探索宇宙的民族智慧。

Q：能逐一为我们讲解一下吗？

A：我们看到的艺术中心是一个有角度的侧倾面，它庞大的体魄从旷野中隆起，向四周的群峰致敬。大剧场高耸的圆形舞台塔从长长的花墙上撞击而出，它的灵感来自于彝族女孩的头饰，饰品丰富，光彩夺目。彝族文化中的色彩是非常丰富的，红、黄、黑是主色调，于是我们就给艺术中心打上了红色的底色，再用带有彝族图案的铝合金网格作装饰，在阳光下就像闪闪发光的银头

饰，夜晚的时候又好像一盏朦胧的灯笼。

镂空的花墙是我们精心设计的，我们发现彝族服饰上最多的就是三角形，于是我们将之运用到艺术中心300米长的外墙设计上，进行了抽象简化和变形重组。初升的太阳射进第一缕光的时候，整个外墙就会染上一层绚丽的红彩。

文化长廊的围墙材料我们采用了当地比较多的一种矿产，片石，大块的石板铺路，小块的片石砌墙，我们希望通过这种地方材料的选用，让建筑显出更为古朴、自然的特色。

Q：您曾经说过，建筑与城市的关系问题，应该是原创设计中不能忽视的关键问题，您认为艺术中心的这组建筑和西昌这座城市之间是否达到了一种和谐的效果？

A：我希望是这样的，首先，它连接了西昌

这个城市和自然风景区，起到了一个非常积极的作用。在设计的时候，为了延续城市生活，我们按照火把节时太阳升起的方向与角度将艺术中心切开一条通道，这条市民步道的开通，将城市、建筑与公园有机地结合在一起。

其次，文化中心也改善了或是丰富了这个城市的文化生活环境。

第三，它在形态上跟这座城市特有的自然风光和民族文化息息相关，可以说，这组建筑是属于西昌的。

地域风格不仅仅存在于地域建筑中，向生活学习，向民族艺术学习，演绎绚丽的色彩，提炼典型的装饰纹样，使其融装饰、结构、材料、功能为一体，是表现彝族文化，进行创作的重要手段。这一点，是我们这次设计的最大收获。

步行商业街: 艺术中心的西侧、火把广场的看台下,布置了开放的步行商业街。这条长长的小街,既适应当地的气候特点,又可以降低建筑的维护成本,还成为广场看台与艺术中心屋面之间自然的分割与过渡。

火把广场: 公园中央的火把广场,围合于高起的艺术中心与山体之间。广场中央的一池碧水倒映出铜制的火焰。广场上,用红砂岩和青石交错铺装的地面,表现火的涌动与天体的运转;按照星宿关系布置的太阳能地灯,夜晚如同繁星闪烁;铺装的放射线指向当地冬至、夏至时太阳的升起方位;周边石材的铺砌代表了当地传统的十月历。

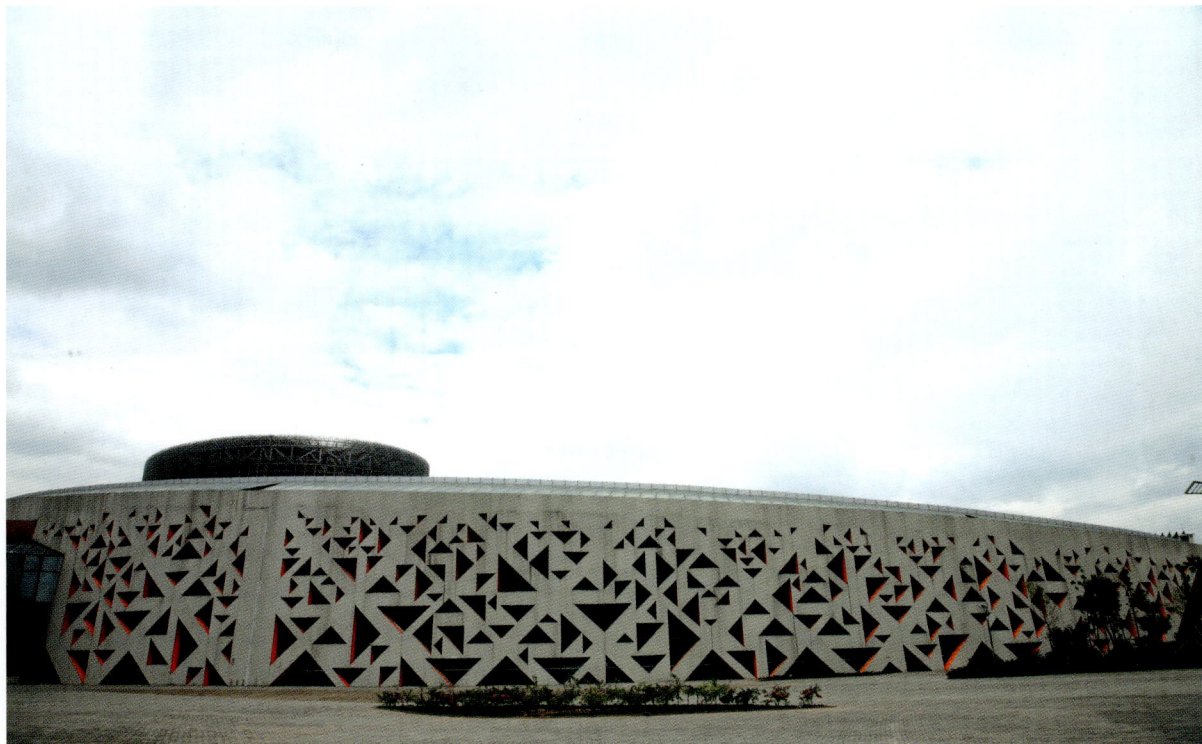

民族文化艺术中心：以月牙形三维渐变的建筑形式围绕着火把广场，是集中演绎彝族文化艺术、民族风情的重要场所。演艺大厅在民族文化演艺中心东侧。民族文化艺术中心由北向南、从西向东的绿化屋顶从地面升起，为广场带来竖向的变化和活力。向内，它是民族文化演艺中心的看台；向外，它是提供给城市开放的、富有戏剧性的空间与表情。

56根文化柱：火把广场的56根文化柱都有不同图案的装饰浮雕，集中反映了彝族的悠久文化以及广为流传的经典传说。每到火把节这里就成了西昌人狂欢的舞台，燃烧的火把让黑夜变得流光溢彩将这里照亮。

[NEWOMEN TIME]
女人的尖峰时刻

舒婷说，有灵气的女人是一部抒情诗。

那么，生活在西昌的女人，毫无疑问地可以担当这个美誉。她们漂亮、单纯、热烈，而且，自信满满。正应了那句话，一方水土养一方人，这个充满感性且自然风景无与伦比的城市，养育了如此具有天然魅力的女性群体，让她们周身都散发出自然而美好的气质。

那种率真、大方、毫不矫揉造作的性格，让所有与她们接触过的人都不由得受到感染，发自肺腑地感受到快乐的情绪，并且深深地，被她们所吸引着。

Regalement
盛典

西昌被称为月城，最早要追溯到两千多年前的汉武帝时期。公元前130年，青年才子司马相如被委派为中郎将持节出使西夷，一行人从成都出发，经过近半年的时间来到西昌。一路的舟车劳顿在邛海绝美的月色下消失得无影无踪。

于是相如君挥毫泼墨，留下了"月出邛池水，空明澈九霄"的千古佳句。这段故事被记载入《史记》中，为月城西昌留下了坚实的历史依据。

生活在月城的女孩，理所当然地被称作"月亮女儿"。相传彝族姑娘兹莫领扎因为能在羊毛披毡上织出一个逼真的世界，而被月亮仙女接到月宫，并从此成为月亮的女儿。

如今，在西昌，也有一项"月亮女儿"评选比赛，获得最后冠军的佳丽将被冠以"月亮女儿"的称号。每年都有成千上万的西昌女人参与这项赛事，她们通过朝气蓬勃的打扮，个性独特的才艺表演不断传达着西昌女人的美丽与智慧，从她们身上，能切身体会到做一个"月亮女儿"的自豪感与幸福感，不禁让人猜想难道真是天上的鹊桥搭到月城，天上的仙女落到了凡间？

TIPS

如何成为"月亮女儿"

报名： 每年火把节前一个月海选开始，决赛一般在8月举行。

参赛： 通过海选后，前50名选手进入复赛。复赛决出20强。进行封闭式培训。

决赛： 经过集训后的20强将参加电视直播的决赛，当场决出三甲和各单项奖。

评选要点：形象好、素质高、气质佳。

报名条件：

1. 女性，身高1.60米以上，年龄在18周岁至25周岁之间；

2. 高中或同等或以上学历，身体健康，有完全行为能力，容貌端庄，有知识，有修养，具有一定的交流沟通能力；

3. 热爱西昌，热衷公益事业，无任何不良记录；

4. 赛前未与任何经纪公司、经纪人、音像制作或发行公司、媒体单位签有任何合约。

报名信息查询：www.lsad.cn

Saying
讲述

温婉的土地养育了温婉灵性的女人，对于这个她们热爱的城市家园，西昌女人有话要说。

生活在高处

欧静
第三届"月亮女儿"评选大赛季军

> **生活感言：** 西昌的酒吧值得一去。酒吧有不同风格不同主题。音乐是我选择酒吧的首要条件，如果有歌手或乐队来演出，我一定不会放过。

如果单纯从海拔来说，西昌比不过西藏，但相对于国内很多大都市而言，西昌算是有些"高度"了。也许是这些物理的高度让这个川西高原上的城市保持着原生态的平衡，也造就了西昌女子热爱自然、淳朴直爽的性格。

西昌有着凉山的屏障，有安宁河和邛海水的滋润，还有让人眼馋的阳光，于是有了满城的绿意、丰硕的果实……大自然毫不吝啬地给了这座城市纯天然的要素，让生活在这里的人可以贪婪地享受温暖惬意的生活。

生活在高处，却没有高处不胜寒的孤僻，反而更加接近阳光的呵护，生活是一种暖洋洋的味道，这就是西昌的魅力。这也使得西昌女人个个精神饱满，神采飞扬。她们热爱这片土地，热爱这份天然的纯洁，不娇柔，不做作，大大方方，爱憎分明，这就是生活在高处的女人，处处散发着原生态的美。

幸福就是很安逸

张瑜

享乐派 旅游达人

> **生活感言：**西昌让人感到无比幸福的是除了法定的节假日还多了火把节和彝族年，我一般选择长假外出，国内很多地方去过，下一站想陪女儿去北欧。

能生活在西昌，是件幸福的事。也许是更接近大自然的缘故，这个城市的五件"法宝"让人留恋不舍，那就是山、水、空气、阳光和月亮。

难得有那么一座山，坐落在湖边，山水相依，相信很多人都经不住这样美丽的诱惑。所以邛海泸山就成了周末不可错过的好去处，上午登山，良好的植被提供了充足的氧气。中午在邛海边找一家"渔家乐"，有新鲜的"醉虾"供应，酒足饭饱之后享受午后阳光，可以泡一杯清茶或者咖啡在邛海发呆，一直到太阳落山，月上枝头。

如果是平常，晚饭后去观海路散步。星星洒满天空，微风拂面，你会发现这座城市原来这么舒适。这样的消遣，就是一种安逸的生活的状态，也是幸福生活的源泉。

彩色的民族风情

扎西拉初

乐天派 时尚达人

> **生活感言：**我喜欢唱歌，这个城市有很多新潮的KTV，心情好或者不好都是很好的发泄场所，少数民族从来都是以歌声为骄傲的，所以大家也能理解我这个"麦霸"了。

西昌是凉山的核心，而凉山是中国最大的彝族聚居地。所以西昌的民族风情，也是最时尚的一面。无论是彝族、藏族、蒙古族或者纳西族，浓郁的民族风情里充满了色彩绚烂的时尚要素。

彝族人喜欢红黄黑，所以连餐具都充满了这样的色彩搭配。而藏族的哈达，也是有白色、黄色还有五彩哈达等。更别说琳琅满目的饰品了，单耳饰就有上百种之多，小小耳钉在西昌明媚的阳光折射下，熠熠生辉。他们还有各种各样的装饰物——头饰、项链、耳饰、手镯和挂件等饰物。西昌女孩天性继承了这种"处处都有色彩"的理念，并将它发扬光大，也把自己打扮得光彩照人。

再加上西昌丰富的自然景色，到处是花的海洋，城里随处可见的三角梅，邛海的碧波绿水，冬天的螺髻山上白雪皑皑，都给这个城市增加了绚丽的色彩。

尊享 SPA

水 是大自然赋予人类最好的营养素和美容品。西昌的水，如此纯净圣洁，让人忍不住亲近。西昌的女人除了泡温泉，还能享受另一场身体的盛宴，那就是水疗SPA。

西昌有很多地方可以做SPA，诺大的房间里，壁灯的光线暖暖的、暗暗的，整面墙上那幅巨大的开满樱花的图片让人有了些许轻松。房间里有一丝丝水的热气缭缭升起，混合着墙角边干花瓣的芳香，让人如痴如醉。

投入温暖的水中，就着薰衣草精油的芳香。放松的同时，还有绝妙的音乐，唤醒心灵的细胞。这时，轻轻地做一次深呼吸，吸进清淡的花香，呼出疲惫。

西昌的女人，就是这么懂得享受。陪着父母登泸山，和老公、孩子一起骑自行车游邛海，呼朋唤友在烧烤摊喝夜啤酒，而SPA，则是绝对属于他们个人的享受。

西昌的女人，不仅聪明，而且少了几分婆婆妈妈与媚俗的女人气。

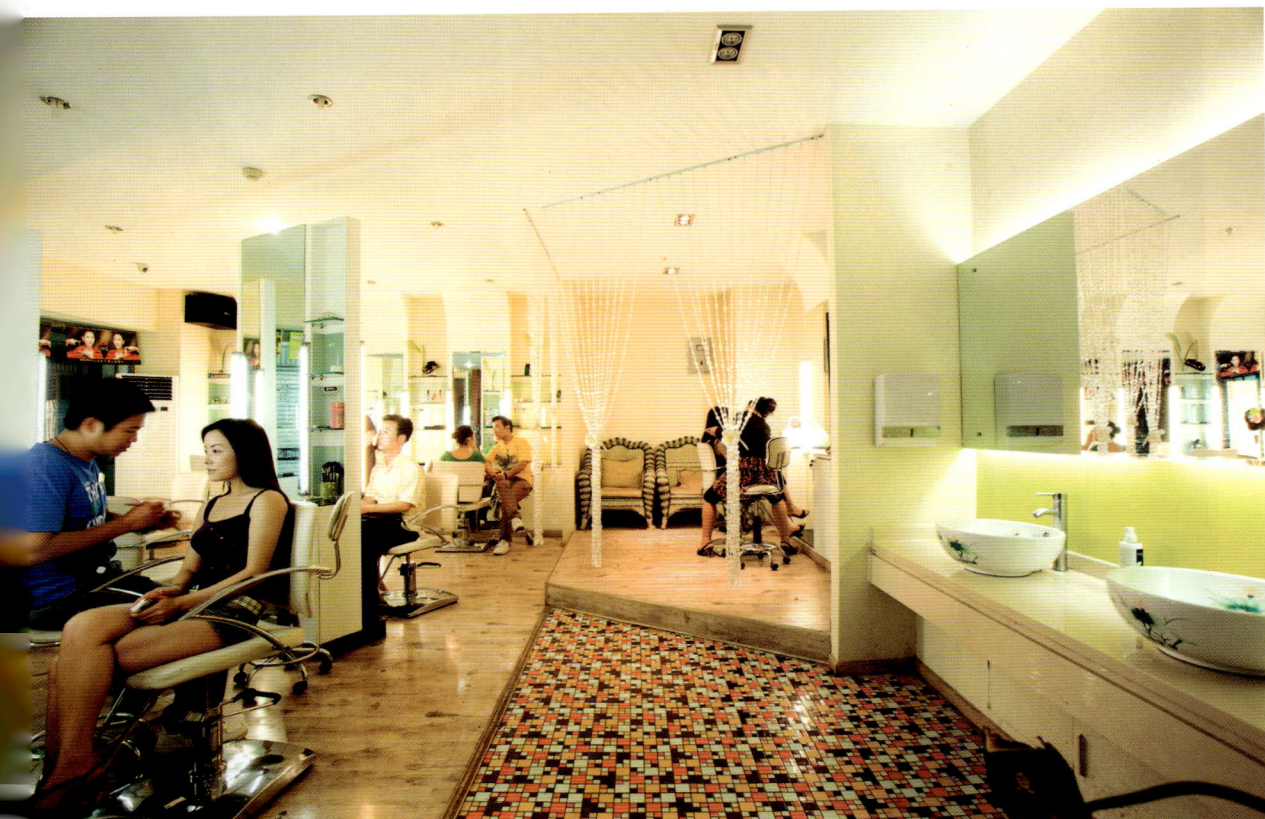

赛龙舟 男人的节日

每年的端午节, 对于西昌人来说不仅仅是吃粽子这么简单。在这个艳阳朗朗的初夏时节, 西昌的男人们划起龙舟, 将这个城市的温度推向极致。

龙舟文化节融合民族韵味的"全国龙舟大赛"、"全国摄影大赛"、"祭祀活动"、"放河灯"、"横渡邛海游泳大赛"、"抢鸭子活动"、"彝族风情表演、抢亲、泼水、舞龙狮活动"、"啤酒美食、民族工艺品展"以及"奇石摄影书画展"九个大的主题活动轮番上演, 这就是西昌男人的节日, 激情而热烈。

赛事在西昌

1 **2009年全国滑水锦标赛**
时间：8月13日~20日
地点：邛海风情小镇

2 **2009年环湖自行车赛**
时间：8月17日9：00
地点：邛海沿线

3 **2009年彝族式摔跤擂台赛**
时间：8月15日 上午9：30
地点：火把广场

4 **2009年四川省青少年篮球锦标赛（男子组）**
时间：7月23日~29日
地点：凉山体育馆

5 **2009年四川省跆拳道锦标赛**
时间：8月3日~7日
地点：凉山体育馆

6 **2009年四川省青少年拳击锦标赛**
时间：8月8日~12日
地点：凉山体育馆

7 **2009年四川西昌桥牌邀请赛**
时间：8月10日~14日
地点：兴林园（风情园路）

時間：农历六月二十四

距离：起点 —— 火把广场 —— 四公里半 —— 西昌学院 —— 月色风情小镇 —— 邛海公园 —— 海景俱乐部 —— 观海湾 —— 青龙寺 —— 月亮湾 —— 西昌市一中俊波学校 —— 高枧乡政府 —— 终点，全程33公里

全程平均速度：41公里/小时

车辆：山地自行车

比赛项目：男、女混合公路自行车团体赛

地形：公路路面、起伏、1.5公里连续爬坡

海拔变化：相对海拔最大爬升70米

环邛海自行车赛

从2007年开始，每年的凉山彝族火把节，西昌市都会举办全国自行车比赛，比赛最大的特色就是环邛海，沿途无敌的风景注定了这是一次竞技与美景完美结合的赛事。

品尝彝族美食，看彝族姑娘小伙翩翩起舞，感受西昌夜色的魅力，感受火把节的狂欢气氛，这一切，都为比赛做了最好的铺垫。

40多支参赛的队伍中，得奖的车队只有8支，但是所有参加比赛的车队都在环邛海的过程中体会到了西昌的魅力，感受到了来自这个城市的朝气和活力。大概这才是举办自行车赛的真正目的吧。

LINKS

2008年环邛海自行车赛名次榜

1. XDS（河南籍体校选手）

2. 动力车队（安徽省自行车队）

3. 成都老车迷车队

4. 西昌捷安特车队

5. 绵阳光速车队

6. 重庆子弹头

7. 成渝车队（重庆陈陶+南充Giant）

8. 西昌骑迹车队

安宁河漂流

安宁河处于川、滇、藏香格里拉自然生态旅游开发区攀西大裂谷中段，其两岸自然风光秀美，雄奇壮丽的自然山川、如诗如画的田园风光、青翠欲滴的奇树藤蔓、独特有趣的古朴民风……于河上漂流，时而波平如镜，荡漾中舒缓休闲，愉悦身心，无限情趣，乐在其中，使人流连忘返；时而水流湍急，波涛汹涌，跌宕起伏，如在千军万马中穿行……

TIPS

推荐行程安排：

1. 早乘车前往漂流基地，途中认真听取负责人员作漂流前的安全讲解。

2. 中餐后进行惊险、刺激的漂流活动。沿途可以观看两岸的秀丽风光，尽情在皮艇上斗水，在河滩上拾怪异的鹅卵石，玩童年游戏—埋沙，重温童年欢乐时光。

3. 上岸后乘车返回西昌。

友情提示：漂流全程22公里，夏季日照光线强，请做好防晒准备；漂流具有一定风险性，一般不接待10岁以下小孩以及患有严重心脏病或心脑血管病者。

赛事在西昌

1 **2009年全国滑水锦标赛**
时间：8月13日~20日
地点：邛海风情小镇

2 **2009年环湖自行车赛**
时间：8月17日9：00
地点：邛海沿线

3 **2009年彝族式摔跤擂台赛**
时间：8月15日 上午9：30
地点：火把广场

4 **2009年四川省青少年篮球锦标赛（男子组）**
时间：7月23日~29日
地点：凉山体育馆

5 **2009年四川省跆拳道锦标赛**
时间：8月3日~7日
地点：凉山体育馆

6 **2009年四川省青少年拳击锦标赛**
时间：8月8日~12日
地点：凉山体育馆

7 **2009年四川西昌桥牌邀请赛**
时间：8月10日~14日
地点：兴林园（风情园路）

06

西昌味道

西昌是一个民族多元化的城市，千百年来这里聚集着汉、彝、藏、回等民族，使这里不仅在语言上丰富多彩，各种美食聚在一起更是其乐融融，声势浩大。

彝家菜、藏族菜、回族菜、川菜及本土的各类小吃在这里交相辉映，为诸如吾辈的外来擅食者提供了太多的惊喜美味，以至我们在繁忙的工作之余，一不小心就让自己过上了餐餐有美味，日日有酒醉的幸福生活。

或许这正是西昌人在不知不觉中传达给我们的一个理念——吃，就要吃出气势。

[一曲美食的变奏华章]

在 西昌, 吃饭是一首变奏曲。不仅吃的种类丰富, 吃的过程更是跌宕起伏。

清晨, 在大多数人吃着所谓"营养早餐"的时候, 西昌人却轰轰烈烈地吃着美味的米粉, 将一天的日子开始于一段激情的前奏!

米粉绝对是西昌人的最爱, 虽然别的城市也有米粉, 但西昌的最好吃。新鲜的米粉, 入口柔软且有嚼劲儿, 汤也是上好的牛、羊肉清汤, 鲜而不腻, 最为壮观的是仅吃一碗米粉, 桌上会配有豆瓣酱、腌菜、小米辣、香菜、花椒面等七八种调味料, 自然是食欲大增, 将热汤米粉一股脑儿地吞咽下去, 额头冒着舒爽的汗珠, 似乎这清晨的精力更加充沛了。

午餐时间是舒缓、闲适的, 仿佛是一段阳光下的悠扬乐章。可以有酒有肉, 可以吃菜小酌, 然后悠然地喝上一杯苦荞。在阳台上沐着阳光小憩一会儿。

到了下午, 很多人喜欢去吃小吃。老商业街的下马水河巷里全是卖小吃的店铺, 油茶、卷粉、冷串串、凉面, 还有那炸得金黄的饵块和洋芋, 几块钱就可以吃到肚子歪掉。卷粉最好吃, 类似于北方的凉皮, 但做成卷状, 中间裹以红油辣椒、大头菜颗粒、酸咸菜、芝生粒、海带丝和油面丝等, 味道非常"巴适"。吃饱了出门就可以逛街, 当看一下午。

西昌人的天性热情豪爽, 晚餐更是喜欢呼朋引伴有酒有肉地热闹一场。无论男女都是既有酒量又有酒胆, 大口喝酒大口吃肉, 每当酒入酣时还会伴着火锅的蒸气或是彝族小妹的歌舞自己唱上两句或跳上一段, 在朋友的欢呼中放肆地发泄出自己的全部情感。就这样将热腾腾的饭菜和热腾腾的人气混在一起, 那简直是荡气回肠的一味双调。

然而这一天的美食之旅还远远没有结束, 最高潮的部分在于夜宵, 无论从排场还是气场上都不会输给正式的晚餐。西昌人最喜欢的夜宵依然丰富, 烫饭和板鸭是一对, 你会非常惊讶在吃过晚饭后他们依然可以吃下这样丰富的一顿夜宵。

西昌小吃TOP10

1 米粉: 是西昌最常见且最受西昌人喜欢的小吃, 而且种类又多, 如"牛肉粉"、"肥肠粉"、"鸡杂粉"、"排骨粉"等等。

2 油茶: 油茶非茶而是一种小吃, 与面糊、花生、麻椒油和在一起, 又麻又脆。

3 饵块: 由品质好、有香味、有黏性的大米制作而成, 无论是炒、卤、蒸、炸各有风味。

4 卷粉: 类似于北方的凉皮, 吃的时候只要将花生、豆芽、韭菜、鱼腥草、小米辣等卷进整张的卷粉里即可食用。但鱼腥草的味道有些怪, 初食最好小心尝试或者干脆不加。

5 烫饭: 饭和菜混在一起, 到锅里煮熟即可。类似于蔬菜粥, 但汤一般是羊肉汤或邛海的野鸭汤, 味道好极了。

6 锅魁: 有点儿像烧饼, 外皮较为酥脆, 里面可以夹各种肉食馅料甚至凉粉。

7 炸洋芋: 洋芋即土豆, 炸洋芋就是将土豆切成条放油锅里炸, 然后趁热蘸胡椒面、小米辣吃, 油油辣辣的很过瘾。

8 凉糍粑: 由糯米制作而成, 用旺火蒸, 晾凉后加上由芝麻粉、蜜桂花、白糖制成的芝麻糊, 糯软醇甜, 入口凉爽。

9 串串儿: 西昌的串串儿有两种, 一种像我们常吃的麻辣烫, 还有一种是不过水用来冷吃的串串儿, 用麻辣的调料调拌, 清新爽口。

10 伤心凉粉: 主料为豌豆, 突出了川菜的"麻、辣、香、脆"特色, 因为"吃的人都会被辣得流下眼泪而得名", 如果你是嗜辣一族, 可有口福了。

大街上、店铺里，到处是炊烟四起、人满为患，曾亲眼看到在烧烤摊上二三十人的聚会，小桌子酒瓶子沿街摆放了十几米，场面甚是壮观。以西昌人的个性，想要买醉根本不用跑到夜店酒吧，就在这烧烤摊上，就在这建昌月下，倾吐自己，不醉不归！

在西昌，这一日N餐堪比一段变奏曲，各有各的调，一点一点铺垫，酝酿情绪，慢慢地，把这曲子推向最高潮。

其实，我们都应该学习西昌人对待美食的态度，打起十二分的精神，全身心地投入到享受美味的过程中，只有这样，才能体会味蕾带来的真正享受。

Xi Chang BBQ Circle
西昌烧烤集结地

NO.1 胜利北路

这条烧烤街离市中心比较近，很有市井风情的烧烤排档，而且附近有KTV和酒吧街相伴，每到夜晚这里灯火通明烟雾缭绕，非常适合喜欢热闹的年轻朋友聚会。

NO.2 老海亭

老海亭在邛海泸山风景区内，夜晚这里相对比较安静，烧烤店和酒吧相互交错，甚至一些酒吧就在店外面开设了烧烤摊，适合于情侣或小资享受夜晚的情调。

NO.3 海滨路（邛海边）

到邛海边吃烧烤自然要以水产为主，清晨从邛海打捞的鱼、湖虾等都味道极为鲜美，极力推荐这里的烤鱼和加入酸菜的烤贝壳，当然你也可以邛海泛舟在船上烧烤，别有一翻风味。

NO.4 SNOW啤酒广场

是邛海边上最大最热闹的一处烧烤广场，特别集中，放眼望去大概有四五十家烧烤摊，场面蔚为壮观。适合人多聚会，或是举行烧烤PARTY，气氛肯定很棒。

A Gourmet Factions
西昌美味派

川菜
强势诱惑派

有人说"食在中国，味在四川"，浓香无比的川菜受到各地食客的喜欢，这几年川菜馆在全国遍地开花，大有长盛不衰的势头。亲临巴蜀大地，川菜的诱惑自然更是无法抵御。

NO.1 高妈炖品

高妈炖品是既贪婪美味又注重养生保健食客的首选，店家潜心挖掘四川民间土陶炖汤妙法，并将现代营养和民间传统饮食特点相结合，研制出民间瓦缸炖汤，其要义在于"瓦缸"土质陶器兼具阴阳之性，且内含多种有益人体的微量元素，又具有传热较慢、受热均匀、保温持久的特性，久煨之下，原料鲜味及营养成分充分溶解于汤中，将食物的营养和美味兼收并蓄。在享受火爆热辣的川菜之时，品一瓦缸煨制的炖汤滋味，不失为一上等的养生良策。

地址：西昌市胜利一环路南一段
电话：0834-3203598

NO.2 蜀锦宴语

蜀锦宴语以新派川菜为主,当我问及服务生其主打菜品的时候,无一例外地回答我"很多"。当我正想为这种敷衍回答而怒的时候,店家主管向我解释蜀锦宴语总会根据顾客口味不断改良和创新,每2~3个月就会更新一次,所以主打菜品也的确是"很多",让你永远不知道下次来的时候会有什么样的口福。近期的"炭烧肉拼宫廷酥"和"尖椒鸡"都值得一尝。

地址:西昌市海河路大成明珠花园千和阁C幢
电话:0834-2171717

NO.3 开萍家常菜馆

开萍家常菜是西昌的"老号", 适合大众的消费,在这里不仅有正宗的川菜味儿,更有地道的西昌情,因此非常受西昌本地人的偏爱。这里的当家菜非"开萍水煮鱼"莫属,玉树土豆泥和以兔前腿为主料的"江湖第一腿"也都是不错的选择。

地址:西昌市健康一环路东口(总店)
电话:0834-2190018

NO.4 成都映象

成都映象墙上画框和房顶灯饰都是很有老四川市井特色的手绘图画,就像把小时候看的小人书平铺开来,很温情、很亲切。映象水煮鱼口味极为香嫩、爽口。顺便说一下,我们非常喜欢那里的酱鸭子。

地址:西昌市春城东路10号
电话:0834-2188858

TIPS

健康饮食　辣味搭档

吃川菜的时候尽量做到膳食合理搭配。如果点了水煮鱼等含油较多的川菜,最好同时点一盘凉拌豆腐或凉拌黑木耳,清火又刮油;吃完川菜后,不妨点一碗棒子面粥,通过摄入粗粮来增加粗纤维,可以促进消化。另外,"苦"味食物是油腻、麻辣的天敌,是搭配川菜的首选。其实,在川菜中还有不麻不辣的清汤菜,像开水白菜、樟茶鹅等都是有名的川菜,营养也比较丰富。

火锅
难舍激情派

与北方那简单的清汤锅和鸳鸯锅相比,这里真是火锅的天堂,种类极为丰富,有鱼头火锅、清油火锅、菌类火锅、冷火锅、粥火锅……每一种都实至名归,每一种都挑逗味觉!

NO.1 花鲢鱼头火锅

一进门就看到一个若大透明的玻璃器皿呈倒立梯形,里面放了很多小米辣,对于喜欢食辣的人来说,无疑就是一种挑衅,同时一股沸腾鲜香的味道伴着氤氲的潮湿让人莫名地心生焦急。再说邛海的花鲢鱼,据当地人介绍,它是西昌最有特色的食物之一,花鲢鱼头火锅的主料就是选用每天早晨从邛海打捞的新鲜花鲢鱼,这里的鱼头肉多味鲜,完全颠覆了我们以往对鱼头的认知,吃过鱼头再涮毛肚、鸭肠等,让几个人吃得欲罢不能! 这样的美味,就餐前是一定要提前预订座位的。

地址:西昌市民族体育场对面花园路中段光明路
电话:0834-2192603

NO.2 麻辣空间

麻辣空间推广健康清油火锅，即选用精炼的菜籽油为主料，不加香料，火锅底料袋装，并将传统菜品和大众喜好度高的菜品以现代方式创新。金牌菜有麻辣牛肉、春光盘脊丝、香菜鲜肉丸等。厨房为透明开放式，这种时尚的火锅形式尤受年轻人的喜爱。

地址：西昌市正义路
电话：0834-2183222

NO.3 德庄火锅

德庄火锅号称"天下第一大火锅"，菜品丰富且具有自身的特色，"德庄汤"、"德庄毛肚"、"德庄酒"誉为德庄三宝。不仅如此，这里还有在一般火锅店中难得一见的豪华包间，内部装修是怀旧的欧美风格，同时还有高档的茶楼与之匹配。

地址：西昌市二八一核工业大厦
电话：0834-3233999、3237333

NO.4 京川火锅

这是我们在西昌吃火锅的第一站，"原生态"绝不只是宣传手段，不仅食材选用方面遵守绿色天然，而且店内竹叶摇曳，流水潺潺，在食酌之间享受慢品生活的好地方。除了火锅这里还有海鲜和烤鸭。

地址：西昌市三岔口南路天喜花卉市场
电话：0834-3083508、3083509

TIPS

如何降低火锅的"热情"

火锅中胆固醇较高的肠、毛肚等内脏类食品比较常见，因此餐后要多补充草莓、猕猴桃等富含维生素C的水果，以淡化辛味食物对身体的不利影响。在饮品上，冰冻的酸梅汤和乌龙茶是川菜的最佳搭档，酸梅汁的酸味可中和辛辣，乌龙茶可以消除油腻，促进消化。

彝族菜
香艳豪放派

到了彝族自治州的首府就不得不说彝族菜,彝族菜的特色就是以肉食为主,必不可少的就是辣味,这大概与其民族分布的地域也有一定的关系吧。彝族人能歌善舞热情豪爽,而且喜欢大口吃肉大口喝酒,无论时间地域如何变化,一个民族骨子里的特性是绝对不会改变的。不仅如此,彝族餐馆的餐具和布置还都使用具有本民族特色的彝族漆器和饰物,因此我们也就毫不犹豫地将美味、传统、香艳的彝族姑娘和豪放的彝族小伙一起铭印在我们的脑海里。

NO.1 马食子

马食子是20世纪90年代初凉山州的第一家彝族菜馆,是名副其实的NO.1。"马食子"即彝族人吃饭用的汤勺,以前彝族吃饭是用马食子不用筷子的。砣砣肉、四季豆洋芋、酸菜汤等传统的彝族美食在这里都能找到,味道纯正自然且价格不贵。

地址:西昌市健康一环路中段
电话:0834-2193919

NO.2 索玛酒楼

四层建筑内有围合的火把庭院，每到夜幕彝家阿妹和小伙会应客人的需求，与你一起点燃火把，伴着彝族歌曲跳起达体舞、卡莎莎等民间舞。推荐的美食有酸菜坨坨鸡、烤小猪、射地（肉冻）。

地址：西昌市龙眼井街魏家湾
电话：0834-3226068

NO.3 凉山风

凉山风是一家彝族民俗风情酒楼，每晚6:40这里都会有免费的彝族服饰和歌舞表演，并伴有民俗解说。在温暖而热烈的气氛中吃原汁原味的彝家美食，品着香醇的美酒，感知着凉山的彝族文化，看彝族阿妹载歌载舞，不禁要发出"此景只应天上有，人间能有几回得"的感慨。

地址：西昌胜利一环路
电话：0834-3203768

NO.4 凉山印象

凉山印象除了有民族歌舞和民俗表演外，每桌客人都无法拒绝一轮彝家人热情洋溢的敬酒。另外它还是一个功能划分非常明显的餐厅：一层是吧台就餐大厅；二层是歌舞演艺厅；三层是包席，每席价格从400～1200元不等；四层设休闲茶楼。用餐休闲互不干扰，因此不管是家人朋友聚会还是商务休闲都非常适合。

地址：西昌市正义南路
电话：0834-2188178

藏族菜
尽情高原派

西昌的藏族餐厅多是介于餐厅和酒吧之间，在下午或者晚上营业，所以当你和西昌人一起走进藏族餐厅时，你最好确认自己具备一定的酒力，或者你就是想在今夜买醉。

NO.1 强巴缘

强巴缘在海河边上，是大多数西昌人都比较喜欢的藏族餐厅。这里有木里的藏族家具、神龛、经幡、唐卡，进门的木架上整齐地摆放着一些与四川藏族相关的书籍，还有木里活佛第十世的照片及洛克在1928年拍摄的照片。初来此处，感觉这里更像是一个小小的藏族博物馆，所以当我们坐在藏族的沙发上大口地喝着酥油茶，细细品味牦牛肉的时候，也谈论着藏族的神秘与豪放。强巴缘除了有传统的藏族餐和酒外，在一层还设有烧烤，如果有酒有肉，人均消费在40元左右。

地址：西昌三岔口南路老海亭
电话：0834-2188765

NO.2 帮金麦多酥油茶楼

这里的老板是西藏昌都人，喜欢结交朋友，服务员都身着藏族服饰，当客人酒兴正酣时，他们会奉上一组演唱为你助兴。

地址：西昌航天路卫星宾馆下行150米
电话：13981543738

回族菜
暗香浮动清新派

与热辣的川菜和味道浓郁的彝族、藏族菜相比，回族菜似乎更为清新淡雅，餐桌上的酒品表现也更含蓄一些。只是规矩正式的用餐，就没有更多的性情表现了。

NO.1 伊清园总店

伊清园总店有十多年的历史，有正宗的伊斯兰信仰，它所供应的鸡、鸭、鹅、牛、羊等都是由阿訇亲手宰杀。特色菜品有板鹅、卤菜拼盘、毛肚汤、雪花牛圆等。

地址：西昌市胜利北路联通公司对面州食品厂内
电话：0834-3301138

NO.2 清真园总店

清真园总店是西昌清真餐饮店中资历较老的一家，特色菜品很多，其中"椒麻鹅"、"泡椒牛肉"、"牛杂米粉"等先后被评为"四川名菜"、"凉山名菜"、"凉山名小吃"，而且物美价廉很适合大众消费。

地址：西昌市马水河巷日化厂内
电话：0834-6693312、3694555

山野菜
根红苗正自然派

NO.1 菌府

以野生菌、竹菌系列等天然绿色食品开发的火锅为特色。主要菌类有凉山特产的松茸、鸡枞菌、羊肚菌、牛肝菌、鸡油菌、块菌等数十种菌类产品。食之味道鲜美,肉质细嫩。

地址:西昌市健康路一环路
电话:0834-2161888

NO.2 天草野菜馆

这家店号称"青山绿水间,凉山第一锅"。野菜火锅每天备有十多种野菜,根据二十四节气调配锅汤。走进这家店,可以看见有一条给客人的建议:少喝酒,多喝汤。

地址:西昌市川兴月亮湾景区前300米
电话:0834-3664487、3793366

西昌酒吧
巴适噻!

西昌的酒吧文化很独特,既市井,又时尚;既玲珑,又豪放;既迷离,又温情;既亲和,又神秘……

想了很久,发现很难用一个词来概括。然而,当你在夜色里融进西昌的酒吧时,你会由衷地感叹出——巴适噻!

巴适！没错，在西昌泡酒吧是件很舒服的事。没有震耳欲聋，没有放浪形骸，更没有群魔乱舞，有的，只是一点点暧昧，一点点微醺，一点点意乱情迷，还有一点点心动和陶醉。

了解一座城市的夜生活，最好的去处就是酒吧。酒吧文化与城市夜生活有一种天然的、不可分割的联系。一个城市的情调所在，都融在她的夜色里。

夜幕降临，霓虹灯、彩灯、巨型广告灯箱渐次亮起来，迷蒙的西昌也开始了流光溢彩。文化是抽象的，酒吧是具体的，在浸淫着一种共同文化的同时，酒吧仍不失其个性。

西昌的酒吧都不大，开在路边，有些干脆就是卷帘门做门脸，很市井的感觉。走进去，温馨的店面不大的空间让人觉得很贴心。但所有的设计都没有距离感，是可以喝酒可以跳舞也可以谈心的好地方。

城市舒缓的生活节奏注定了这里的酒吧文化带有蓝调情结，绝对没有爆挤的场面，也没有人们挤作一团疯狂蹦迪的场景，西昌人选择到酒吧来消遣，绝不是为了出汗发泄，而是为了真正的放松。就连泡酒吧，他们也泡得很悠然自得。

夜晚，随便走进老海亭任意一间酒吧，人不多的时候，点一杯啤酒慢酌，喝到兴起，到小舞台上拿起麦克，请吉他手为你伴奏一曲《当爱已成往事》。相熟的不熟的朋友都会在下面安静地听，听得感动了，会轻轻一起和着唱。

最HIGH的时候，索性摆一张长桌到门口去，叫一堆烤串串，

一伙朋友在露天对酒当歌，大声说笑，西昌夜晚的微风让一群微醺的男女更加有了醉意。

和所有其他的城市一样，混夜场的人往往都是一个圈子里的人，大家出来难免都会遇到熟人，西昌更是如此。城市不大，在酒吧里很容易就会碰到朋友，或朋友的朋友，但是有一点不同，出没于西昌酒吧的人，也许不算是最时尚的，但绝对都是最懂得生活的人。

他们懂得怎么样消磨酒吧里的时光，懂得怎样把酒喝到最尽兴而不烂醉，懂得酒吧的真正意义在于享受而不是迷失。于是西昌人习惯说，去酒吧坐坐。一个坐字，便道出真知。喝酒也好，唱歌也好，跳舞也好，谈心也好，吃烧烤也罢，都是随兴而为。不用穿闪光的小礼服，不用浓墨重彩，也不用虚情假意，坐进西昌的酒吧里，你还是你，我也还是我，我们都要舒服地、尽情地享受这美好的夜晚，才是真谛。

难怪生活在此的人们说，他们一点也不羡慕上海夜色的炫耀夺目，也不觊觎广州暗红灯光下的狂欢。比起白天的安静和恬淡，西昌的夜，有它自己的味道。不得不承认，这是一种魅力，一种生活态度，一种风格，更是一种文化底蕴。

他们把夜晚变成了自己心目中的风景，享受得酣畅淋漓。

西昌是迷人的，西昌人的夜生活更是迷人，让人无法不心动。等到酒已尽兴，看着身边的朋友，感受着来自邛海的习习凉风，那种畅快和舒适，唯有大喊一声——巴适，才能直抒胸臆。

揭秘西昌夜店"潜伏圈"

在西昌出来泡夜店,有几个圈子不能不提,这就好比北京的三里屯和后海,是人尽皆知的夜店聚集圈,人气旺,气氛好,一晚上碰上几拨熟人,一点都不稀奇。

首当其冲要说老海亭,地理位置优越,对面就是美丽的邛海,虽然在夜里,邛海早已隐没在无边的暗色里,但是老海亭整整一条街,都热闹异常,恍如白昼。对于西昌人来说,呼朋唤友喝酒烧烤最佳的选择绝对是老海亭,这里街的一侧一家挨着一家的全是酒吧,高地、自由人、强巴缘……每一家的马路对面都是桌子藤椅摆成的露天茶座。

除此以外这里还有一个小广场,夏季,每当夜色降临,客人们自己选择坐在哪家的茶座里,啤酒小妹便帮着端酒点烧烤,穿梭不停。很多时候,连停车位都很紧张,火爆程度可见一斑。

另一个不能不说的便是胜利北路,要想了解最原汁原味、最地道的西昌夜生活文化,一定要来这里坐坐。这里的酒吧排列紧凑,放眼望去,整条街都被各家门前的桌椅板凳淹没了。有些人第一次来会错愕地呆住:这是泡酒吧吗?根本

没有多少人是真正坐在酒吧里面的,大家都坐在露天,远看就像大排挡。家家都是卷帘门,大开着,里面虽然空间很狭小,却敞亮通透,完全没有一般酒吧的昏暗迷离的感觉。

可这才是真正的带有西昌特色的夜生活。随意、热闹、市井、温馨,伴随着烟雾缭绕的意境,人人都在夜色里微醺。无论是民族风情园的特色夜景,还是老海亭临邛海的意境,抑或是胜利北路最真实的西昌特色,都会带给你别样的体验。让你觉得,在西昌过夜生活,感觉回味无穷。

老海亭酒吧圈

那些年代（总店）

电话：15883466779
是西昌最上档次的酒吧，环境确实不错，中上消费。

高地

地址：西昌市老海亭14幢3号
电话：13882473702
中低消费

自由人

地址：西昌市老海亭14幢1号
电话：0834-6119255

月城往事

地址：西昌市老海亭33幢2号
电话：0834-2185695
一楼大厅、二楼卡座、三楼包间

月色酒吧

地址：西昌市老海亭33幢10号
电话：0834-3668481

民族风情园酒吧圈

赛露慢摇吧

地址：康庄大道新长途客运中心旁
电话：0834-6111888

红场慢摇秀场

地址：风情园中路8号
电话：0834-8888800

阿波罗酒吧

地址：花园路22号
电话：0834-6153333

菲林酒吧

地址：花园路34号
电话：0834-6122298

巴洛克酒吧

地址：花园路38号
电话：13881565558

集地音乐吧

地址：花园路城南印象72号
电话：13684362020

胜利北路酒吧圈

花下醉
地址：西昌市胜利北路联通公司正对面
电话：13981578181

暗黑公社
地址：西昌市胜利北路联通公司正对面
电话：13881514944

流水线
地址：西昌市胜利北路联通公司旁
电话：13881531919

据点
地址：西昌市胜利北路电力公司正对面
电话：15881402970

正义北路酒吧圈

那些年代（二分店）
地址：西昌市正义路3号
电话：15883466779

午夜阳光
地址：西昌市正义路8号
电话：0834-6633857

凌晨三点
地址：西昌市正义路20号
电话：15183479645

焦点
地址：西昌市正义路16号
电话：15983443268

> 西昌的夜生活当然不会仅仅陷于沸腾的火锅、热闹的烧烤和孤单的酒吧中，每逢入夜，在风情园附近的街上，各种不同风格的KTV会不约而同地点亮灯火竞相"开放"，无论沉醉幸福的人还是刚刚忧伤买醉的人，或者毫无理由只是喜欢音乐的人都会不知不觉地走进其中，将漫长的夜生活K至高潮，因为他们知道，总会有那么一首歌会在这个深夜唱彻心扉……

西昌K歌 LIST

1

2

3

4

1 皇嘉一号商务会所
地址：西昌市康庄大道新长途客运中心旁
电话：0834-6111999

2 音皇KTV娱乐城
地址：西昌市健康南路（民族风情园对面）
电话：0834-8888966

3 银座娱乐广场
地址：西昌市风情园中路22号
电话：0834-8888600

4 沸点KTV城南店
地址：西昌市花园路1号
电话：0834-6123456

5 ATTKTV娱乐城
地址：西昌市风情园北路68号
电话：0834-6122828

6 歌帝音乐广场
地址：西昌市春城东路65号
电话：0834-2188766

7 同一首歌KTV
地址：西昌市健康路4号
电话：0834-21724689

关于西昌
你该知道的事

推荐你该看的书
BOOKS

《诗意西昌 —— 西昌山水诗韵集》

四川美术出版社

西昌是风情万种的，从明清城墙依然残破的垛口倾听百年榕树扒墙生长的节奏，举目新城大道的车水马龙，城市蓬勃；嫦娥从这里奔月，见证了西昌稳中求进的发展速度，从长满青苔的古井打捞薪火相传的历史痕迹，还有原汁原味的彝族风情值得南来北往的人们在这里流连忘返，值得生活在她身边的人们用诗篇描绘它的迷人魅力和浪漫气质。

《西昌民俗集成》

四川美术出版社

西昌历史悠久，环境优越，民风淳朴，人文汇萃，自古即有"川南胜景"、"高原明珠"的称誉。西昌民俗内容丰富、形式多样、特色鲜明、风情浓郁，在川西南地方民俗中，颇具吸引力。它不仅继承有豫、晋、陕、鲁等中原地区汉民俗的主流传统，也蕴涵苏、浙、皖、粤等江南地方民俗的精华；既吸收了京、津、冀等地方民俗特色，也凸显川、滇、黔的地方民俗风情。从某种意义上说，这本书不仅是西昌民俗的集成，也勾画出中华民俗一个小缩影。

CD《唱响西昌》

西昌人的原创歌曲，着力表现西昌秀美的山川、多彩的风情和独特的文化。

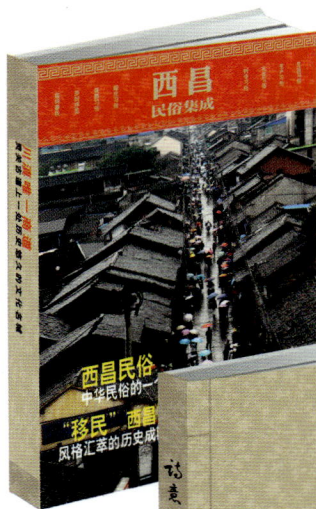

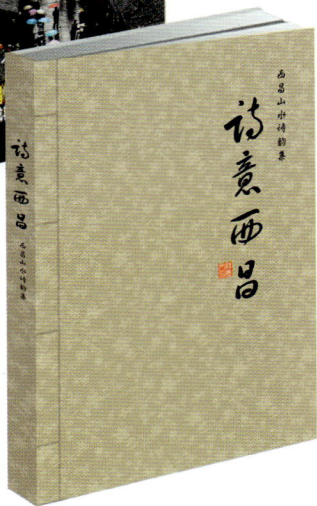

你一定不能错过的演出
SHOW

《火·图腾》大型彝族舞蹈剧

《火·图腾》以舞蹈诗画的形式荟萃了凉山奇山异水孕育的独特川西高原民族文化宝藏,全方位地展现了凉山独特、博大的民族文化和民族精神。该剧以生命进程的方式,将人们置身在古老久远的历史景色中:可以看到不一样的人类起源;可以听到彝族文化的传承者——毕摩娓娓道来的历史;可以触摸到一个民族成长的过程;更可以体会由"火"所给予的希望与梦想。

演出时间:8月15日19:00、16日15:00
地点:凉山民族文化艺术中心金鹰大剧院
票务热线:0834-8888123

《精彩岁月》

《精彩岁月》是凉山州歌舞团建团50周年的晚会,以纳西族和彝族传统的民间器乐、声乐及舞蹈为主要元素,演出场面宏大,不仅是一次纳西族和彝族民间音乐的盛宴,亦是一场民族民俗文化的全方位展演。

演出地点:西昌演艺中心

推荐周边经典路线
LINE

旅行社路线

"一座春天栖息的城市"魅力发现之旅

西昌—邛海泸山景区—安哈彝寨—黄联土林

神秘女儿国泸沽湖神秘发现之旅

西昌—盐源—泸沽湖—丽江

航天城神秘发现之旅

西昌—礼州古镇—卫星发射基地—灵山寺—彝海

五彩螺髻山神秘发现之旅

西昌—螺髻山—大槽河温泉瀑布—普格

雷波马湖、溪洛渡水电站神秘发现之旅

西昌—昭觉—美姑—雷波

自驾路线

自驾车露营地：邛海青龙滩、俊波外国语学校、安哈彝寨、西昌学院

北行：成都—乐山—峨眉山（此程高速）—金口河—甘洛—越西—泸沽—西昌（高速）

重庆—内江—自贡—宜宾—屏山—新市镇—马湖—雷波—昭觉—西昌

重庆—乐山—峨边—金口河—乌斯河—甘洛—越西—泸沽—西昌

南行：昆明—田房—攀枝花—西昌（全程高速）

[资讯补给站]

旅游服务机构 ☎
Information

西昌市旅游咨询中心

地址：西昌市月城广场中心环岛北侧

办公时间：8：00~20：00

电话：0834-6137766

传真：0834-3220360

凉山彝族自治州驻北京联络处

地址：北京市东城区北锣鼓巷91号

电话：010-64053828

旅游服务热线

旅游咨询电话：0834-96168900

旅游投诉：0834-96927 0834-2171117

消费投诉：0834-12315

价格投诉：0834-12358

卫生监督投诉：0834-3228005

西昌旅行社推荐

名称	地址	电话
凉山风情旅行社	西昌市西门坡农垦宾馆四楼	0834-3229288
凉山彝文化旅行社	西昌市长安中路月都假日酒店2楼	0834-3233775
邮电旅行社凉山分社	西昌市长安东路	0834-3232203
五彩凉山旅行社	西昌市凉山电视台一楼	0834-2165016
西昌维克假日旅行社	西昌市步行街工商银行4楼	0834-3226666
西昌华源旅行社	西昌市马水河街昌喜大厦3楼	0834-3242777
索玛花教育旅行社	西昌市州教委二楼	0834-3223030
西昌教育旅行社	西昌市仁和路中段	0834-2503356
交通旅行社	西昌市长安东路84号	0834-3222850
大凉山旅行社	西昌市长安路大成房产2楼	0834-3833771

交通 🚌

Traffic Information

市内交通

NO1.公交及观光线路

西昌市内有20多条公交线路，方便快捷，遍及城郊。公交车的运营时间为6：30~21：30，公交车票价为1元/人。为了方便游客，西昌市特设有106路环邛海观光巴士，头班车时间为6：30；末班车时间为18：30。始发车站为大成商业广场。

NO2.出租车

白天出租车的起程价为3元，超过1.5公里后每公里收费1元，晚上出租车起程价为4元，超过1.5公里后每公里收费2元。

NO3.自行车租赁

在西昌市内的自行车商店有自行车租赁服务，可以骑车畅游市内，以及邛海、泸山等近郊区。根据车型不同，每天每辆车的租金在10~40元不等。

飘逸自行车出租行

地址：西昌市三岔口南路凉山卫校隔壁

电话：0834-6615119 13698266708

捷安特车友俱乐部

地址：西昌市三岔口南路

电话：13795653534 13778676812

风行租车行

地址：西昌市三岔口南路州农行对面

电话：0834-6696177，13881575582

NO4.汽车租赁

西昌的汽车租赁场所较多，除了专有的租赁中心外，一些旅行社也提供租车服务，根据提供的车型和服务费用有所不同。

西昌市旅游咨询中心

地址：西昌市月城广场中心环岛北侧

电话：0834-6137766

旅游咨询中心有专职司机负责驾驶。中型面包车的租赁费用为400元/天。

西昌吉安汽车租赁有限公司

地址：西昌市长安中路二八一招待所109室

电话：0834-3225728 0834-6666889

普通5座小客车租赁价在200~400元不等，中型面包车租赁价160元左右，在旅游旺季价格会有所上浮。租赁者自己驾车，没有专职司机服务。

飞机

全国各城市直接飞抵西昌的航班较少，一般都需在成都或重庆转机。

航班号	机型	出发地与起飞时间	目的地与到达时间	班期
CA4467	319	成都07:25	西昌08:15	1.3.4.6.7
CA4457	319	成都07:25	西昌08:15	2.5
3U8641	320	成都08:10	西昌09:10	1~7
CZ6487	319	成都14:30	西昌15:20	1~7
CA4465	319	成都15:50	西昌16:35	1~7
CA4469	319	成都17:10	西昌18:10	1.2.3.4.6
CA4469	319	成都18:30	西昌19:30	7
G52639	CRJ	重庆07:40	西昌08:45	2.4.6
G52639	CRJ	重庆08:55	西昌10:00	1.3.5.7
3U8896	320	北京07:50	西昌12:10	1~7

火车

车次	类型	始发站	始发时间	到站时间	查询站	开车时间	终点站	终到时间
K165	空调快速	西安	22:18	0:54	西昌	1:03	昆明	10:25
K145	空调快速	成都	16:10	1:39	西昌	1:49	昆明	11:27
K9483	空调快速	江油	12:52	2:22	西昌	2:32	攀枝花	7:10
K166	空调快速	昆明	17:58	2:55	西昌	3:13	西安	5:16
K117	空调快速	北京西	11:20	3:10	西昌	3:18	攀枝花	6:01
K9439	空调快速	成都	17:26	4:02	西昌	4:20	攀枝花	8:12
K146	空调快速	昆明	19:50	4:50	西昌	5:03	成都	14:12
K9454/K9455	空调快速	重庆北	13:00	5:23	西昌	5:37	攀枝花	9:00
K9470/K9471	空调快速	隆昌	14:11	6:17	西昌	6:23	攀枝花	9:30
K9481	空调快速	成都	21:25	8:03	西昌	8:15	西昌南	8:25
K118	空调快速	攀枝花	12:01	14:42	西昌	14:52	北京西	5:35
K674	空调快速	昆明	7:33	16:29	西昌	16:29	西昌	16:29
K9472/K9469	空调快速	攀枝花	15:37	18:38	西昌	18:44	隆昌	11:36
K9456/K9453	空调快速	攀枝花	16:30	19:29	西昌	19:36	重庆北	11:17
K9440	空调快速	攀枝花	16:45	19:48	西昌	19:56	成都	6:18
K673	空调快速	西昌	20:11	20:11	西昌	20:11	昆明	5:45
K114	空调快速	昆明	12:05	20:34	西昌	20:41	成都	6:34
K9482	空调快速	西昌南	20:37	20:47	西昌	21:05	成都	6:50
K9484	空调快速	攀枝花	18:46	22:05	西昌	22:14	江油	11:52
K113	空调快速	成都	13:20	23:04	西昌	23:16	昆明	8:15
5633	普快	普雄	8:00	12:17	西昌	12:27	攀枝花	18:34
5634	普快	攀枝花	7:35	12:19	西昌	12:31	普雄	17:32

住宿 🛏️
Hotel Info

星级酒店

在西昌有很多不错的星级酒店，各项服务设施齐全，非常适合因公务出差的商务人士或蜜月新婚的情侣！

名称	地址	电话	星级
邛海宾馆	西昌市海滨路	0834-3953333	国宾馆
凯丽莱酒店	西昌市胜利南路88号	0834-3200888	★★★★
顺华大酒店	西昌市长安南路	0834-2501999	★★★★
名仁酒店	西昌市城南大道	0834-8888898	★★★★
电信大酒店	西昌市长安西路长板桥头	0834-2680999	★★★
金桥大酒店	西昌市胜利北路	0834-3220088	★★★
教建酒店	西昌市城南大道人和路口西侧	0834-2503666	★★★
醉太平酒店	西昌市海滨路	0834-3952600	★★★
明珠大酒店	西昌市城南大道	0834-2503333	★★★
维克假日酒店	西昌市城南大道	0834-2680000	★★
邮电宾馆	西昌市长安路	0834-3223312	★★
泉茗酒店	西昌市胜利东路13号	0834-6101999	★★
新天恒大酒店	西昌市城南大道一段长富路下街	0834-6100000	★★

农家乐

如果是喜欢旅行的朋友，居住在星级农家乐是个不错的选择，既可以亲近自然，又可以品尝本土正宗的美味！

名称	地址	电话	舒适指数
云泉山庄	经久乡	13708141645	★★★★★
老兵休闲庄	高枧乡张林村三组	13183735176	★★★★★
仙居苑	铅矿村银厂坪组仙人洞景区	0834-3695788	★★★★★
云麓生态	小花山	0834-3085999	★★★★★
青凤园福乐山庄	尔乌山	0834-3085088	★★★★
珺红宾馆	苏祁路	0834-3800299	★★★★
碧湖龙庄	缸窑村观海湾入口处	15884026079	★★★★
黄记饭店	机场路68号	13795648950	★★★★
汤味鲜	川兴镇尔乌	13981528868	★★★★
菌香园	川兴镇尔乌	0834-3013687	★★★★

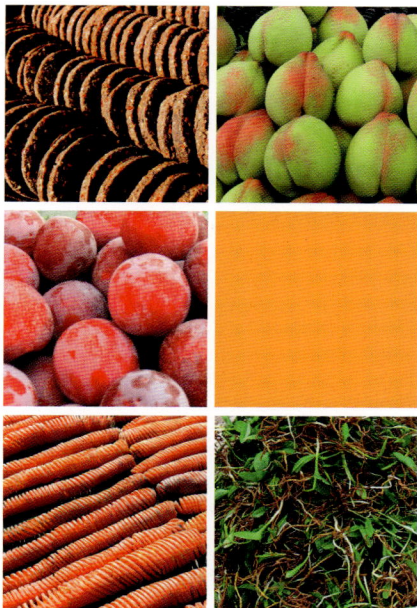

TIPS

住在西昌的另一种选择 —— 商务酒店

在西昌的商务酒店也很多，一些知名或连锁酒店，既有完备的服务，而且价格适中，无论日常出差还是自助出游都是不错的选择。

标准国际酒店

地址: 西昌市三岔口东路45号

电话: 0834-2161999

宜必思酒店

地址: 西昌市城南大道

电话 0834-3287888

香格里拉酒店

地址: 西昌健康南路州民族体育场对面 电话: 0834-8888833

天喜花月酒店

地址: 西昌市三岔口南路

电话: 0834-8886699

MOOK 行走中国

图书在版编目（CIP）数据

西昌2009 / 精品购物指南 编著
——北京: 经济管理出版社, 2009.7
（行走中国）
ISBN 978-7-5096-0529-5

Ⅰ. 西… Ⅱ. 精… Ⅲ. 西昌市 — 概况 Ⅳ. K927.13

中国版本图书馆CIP数据核字（2009）第120138号

出版发行: **经济管理出版社**

地址: 北京市海淀区北蜂窝8号中雅大厦11层

电话: (010) 51915602   邮编: 100038

印刷: 北京日邦印刷有限公司	经销: 新华书店
选题策划: 钟音 殷维	责任编辑: 洪林 殷维
技术编辑: Designeer工作室	责任校对: 张晓燕
787mm×1092mm/16	25印张 150千字
2009年7月第1版	2009年7月第1次印刷

定价: 32.00元

书号: ISBN 978-7-5096-0529-5

MOOK 行走中国